博雅教育的实践探索

郭圣涛　著

中国海洋大学出版社
·青岛·

图书在版编目(CIP)数据

博雅教育的实践探索 / 郭圣涛著 . —青岛：中国海洋大学出版社，2020.7

ISBN 978-7-5670-2537-0

Ⅰ.①博… Ⅱ.①郭… Ⅲ.①小学－学校管理－研究 Ⅳ.①G627

中国版本图书馆 CIP 数据核字(2020)第 140749 号

出版发行	中国海洋大学出版社
社　　址	青岛市香港东路23号
邮政编码	266071
出 版 人	杨立敏
网　　址	http://pub.ouc.edu.cn
电子邮箱	44066014@qq.com
订购电话	0532－82032573（传真）
责任编辑	潘克菊
电　　话	0532－85902533
印　　制	北京虎彩文化传播有限公司
版　　次	2020年9月第1版
印　　次	2020年9月第1次印刷
成品尺寸	170 mm × 230 mm
印　　张	13
字　　数	210千
印　　数	1—1 000
定　　价	46.80元

发现印装质量问题，请致电 18600843040，由印刷厂负责调换。

前 言

转眼间,我从事教育工作已经三十多年,从青涩的一线教师到从事管理工作,小学阶段的每个教育教学及管理岗位我都经历过,其中在校长的岗位上也走过了十五个春秋。担任校长的大部分时间是在青岛台东六路小学,这是一所有着百年历史的岛城名校,文化积淀深厚,历史悠久深远,英才层出不穷,博雅氛围浓郁……这一切,都给我的教育生涯带来很多启示。我和我的同事们一路走来,有思考,有困惑,有探索,但更多的是收获。

我常常思考:教育的终极目标是什么?

我认为是生活,是人生。生活不仅是教育过程,也是教育价值的终极指向。教育要关怀人,解放人;关怀人的幸福,解放人的心理。教育不应当仅仅是生存技能的训练,它的宗旨和使命应当是引导和教会孩子们去追求幸福的生活,追求有质量的生活,追求有价值的生活,追求有意义的生活。教育的本质不在于升学、考级,而在于促进人的成长,让每一个生命都自由舒展,让每一个生命都极致绽放。

一所好的学校是什么? 学校是人成长的地方,学校是师生依存的命运共同体、学习共同体、成长共同体。

我所在的青岛台东六路小学,百年历史文化底蕴成就了博雅教育的生长、发育的"土壤";持之以恒的十年博雅教育实践,形成了学校浓厚的育人文化气息;博雅教育渗透在学校的方方面面、每个角落,凝聚成弥足珍贵的"博雅台六"元素。

在这样一个有着浓厚文化底蕴的校园中，我将自己的教育思考进一步融入学校的发展之中，提出并倡导"顺应儿童天性做教育"的理念，在实践探索中创造适合学生发展的教育。以尊重、自主、开明为基本原则，尊重规律、尊重学生，使人的自主性充分发挥；开阔视野、胸怀博大，让每个人的创造性充分涌流。

博雅教育的探索，给我的理念和学校的教育实践搭建了一座可以连通的桥梁。

其实"博雅"并非新名词。在中国古代，有指文章内容丰富、文辞优美，如《文心雕龙》中有"博雅之巧"之说；也有谓学识渊博，品行端正，如《后汉书》中的"博雅多通"之义。细想起来，都在强调教育过程中内外兼修、品学并重的重要性。同为人类文明发源地的古希腊，也主张实行博雅教育，培养具有广博知识和优雅气质的人。

博雅教育强调教育要以人为本，就是说教育要全面关注人的生活，要确立具有生态意义的生命教育观。好的教育，一定能够激发每个生命个体的活力和潜能。

小学阶段是人生成长的"拔节孕穗期"，最需要精心引导和栽培，而博雅精神和品质的养成、塑造、涵养，在小学生"扣好人生第一粒扣子"的关键时期，显得十分必要。它与党的十八大明确提出要培养德智体美劳全面发展的社会主义建设者和接班人的要求是一脉相承的，与立德树人的根本任务也高度契合。博雅教育抓住了新时代教育发展的要求，符合教育规律和人才培养规律，是十分有价值的教育探索。

在十年的博雅教育实践探索中，我校的博雅文化涵养不断丰富：校园中随处可见的博雅校貌、博雅教师、博雅学生、博雅课程、博雅社团、博雅书苑、博雅沙龙、博雅讲堂、博雅家长、博雅志愿者、博雅实验室……这些正在造就或者将要造就的博雅特质，呈现的是学校博雅教育的一幅幅美好画卷。

而我也不由自主地记录下教师的成长、学生的变化、学校的发展，每一个快乐的故事，每一个成长的瞬间，每一段难忘的历程，每一处收获的果实……今天，记录我们自己的教育故事的《博雅教育的实践探索》完成了！春华秋实，放飞的是一种追寻！探骊寻珠，执着的是一份坚韧！

感谢我的同事们，难忘一路拼搏中流下的汗水、欢歌和笑语；在此特别感谢在本书撰写过程中，给予我大力支持的同行伙伴：范欣、潘剑剑、陈小滨、王琳、崔程程等,无比感谢!

  菁菁校园砺人志,淡淡墨香写春秋,幽幽博雅沁心脾,莘莘学子塑英才。愿我们的学校向充满希望的明天不断阔步迈进,愿我们的老师和孩子在博雅园中幸福快乐,携手向前!

郭圣涛

2020 年 3 月 14 日

目 录 CONTENTS

第一章　博雅教育的内涵及实践价值 …………………………… 1
　　第一节　博雅教育的历史渊源 …………………………… 3
　　第二节　博雅教育的内涵精髓 …………………………… 4
　　第三节　博雅教育的实践价值 …………………………… 6
　　第四节　博雅教育的实施路径 …………………………… 8

第二章　构建充满生长活力的博雅课堂 ………………………… 13
　　第一节　博雅课堂教学体系的建构与实施 ……………… 15
　　第二节　探索语文学科博雅育人价值的实现路径 ……… 21
　　第三节　指向深度学习的博雅阅读教学改革 …………… 26
　　第四节　以阅读量规干预学习质量提升的阅读评价 …… 41
　　第五节　博雅教育与数学教学有效融合的策略 ………… 45
　　第六节　如何在小学英语教学中渗透博雅教育 ………… 55
　　第七节　博雅教育视野下艺术教育课堂重构的实践与探究 … 61

第三章　打造培育学生核心素养的博雅课程 …………………… 67
　　第一节　博雅课程开发计划及实施方案 ………………… 69
　　第二节　博雅课程总体构架及实践研究 ………………… 73
　　第三节　运用课程图谱诠释课程内涵 …………………… 79

第四节 博雅课程精品案例：打造跨学科教育的融合性课程——
"合课程" …………………………………………………… 83

第五节 博雅课程精品案例：指向学生创新能力培养的科技课程——
"创课程" …………………………………………………… 89

第六节 博雅课程精品案例：融合现代技术手段的电影课程——
"光影童年" ………………………………………………… 94

第七节 博雅课程精品案例：充满活力趣味的运动课程——
"动感体育" ………………………………………………… 96

第八节 博雅课程精品案例：面向人工智能时代的信息课程——
"趣味编程" ………………………………………………… 100

第四章 铸就"博雅人生"育人品牌 ……………………………… 105

第一节 "博雅人生"育人品牌的内涵与实施途径 ………………… 107
第二节 雅行养成教育奠基博雅人生 ……………………………… 109
第三节 红色教育擦亮儿童人生底色 ……………………………… 113
第四节 传统文化教育筑牢民族的根和魂 ………………………… 119
第五节 博才雅艺舞台秀出多彩童年 ……………………………… 121
第六节 社会大课堂丰富人生成长底蕴 …………………………… 124
第七节 研学旅行打开博雅育人新方式 …………………………… 126
第八节 探索体验式生命教育的途径 ……………………………… 133
第九节 实施"8+2"多元育人评价 ………………………………… 137

第五章 引领博雅管理多维深层变革 ……………………………… 141

第一节 探索从"教育管理"向"教育治理"学校转型新机制 …… 143
第二节 建设充满活力的校务委员会 ……………………………… 147
第三节 凝聚家委会智慧推进博雅教育 …………………………… 152
第四节 创新实施博雅育人导师制 ………………………………… 156
第五节 以发展为本搭建学生自主管理平台 ……………………… 159
第六节 实施项目管理　创建优质教育集团 ……………………… 162
第七节 盘活名师资源　引领教学高位发展 ……………………… 167

第六章　丰实学校博雅特色文化 ·········· 169

　　第一节　锻造博雅之师　铸就博雅文化之"魂" ·········· 171
　　第二节　凝聚团队力量　厚实博雅文化之"基" ·········· 179
　　第三节　优化育人环境　浸润博雅文化之"涵" ·········· 183
　　第四节　加强校际交流　促进博雅文化之"融" ·········· 187
　　第五节　收获累累硕果　绽放博雅文化之"美" ·········· 192

参考文献 ·········· 196

第一章
博雅教育的内涵及实践价值

博雅教育英文为 Liberal Arts Education，有时或被翻译为"通识教育"。这个专有名词起源于古希腊，其教育的本质旨在培养具有广博知识和高雅气质的人，让学生摆脱庸俗、唤醒卓异。其所成就的，不是没有灵魂的专家，而是成为一个有文化的自由人。博雅教育主张教育的"广博"与"高雅"，现代社会的发展需要文化素养和道德素养兼备的高素质公民，以"广博之学问，高雅之举止的当代学生"为培养目标的博雅教育符合时代发展的要求。

从广义上，博雅教育是与功利教育、职业教育、知识教育、专业教育相对而言的，它反对实利主义、技术主义的教育诉求，相对成"才"教育，它瞩目于成"人"教育，追求培养健康、健全、美好的人。它首先强调的是自由与个性，以及德性与品质，它的根本诉求是每个人的人生幸福而非其他。

博雅教育，是在"以人为本"的和谐社会创建背景下社会经济发展对教育的必然要求和反映，符合当今世界发展的规律和潮流，是对当下片面强调"应试教育"的突围，是对部分学校教育过于功利化的挑战。

2009年，青岛台东六路小学（以下简称"我校""台六"）开始实施博雅教育，博雅理念引领学校走向创新发展。本书以我校的教育实践为例，全面展现了十年博雅教育的探索历程。

第一节 博雅教育的历史渊源

一、西方教育为博雅教育的生成奠定基础

古希腊的毕达哥拉斯倡导受教育者要学习算术、几何、天文、音乐及医学等知识的同时,加强"灵魂洗礼",强调拓展知识面与加强内心修养的重要价值。苏格拉底主张"美德即知识""知识即美德",从知识与品德相结合的角度去论及知识广博与品格高雅的完美统一。柏拉图则将培养"心怀坦荡、眼界开阔、思维敏锐、温文尔雅、正义勇敢"的演说家、政治家和哲学家作为教育的目标。亚里士多德更是明确提出了"自由教育"和"和谐教育"的理念,倡导开展身体、灵魂和智能的和谐统一。他倡导在实施自由教育过程中,广泛涉猎各种知识,这些知识既包括数学、物理、哲学,也包括音乐、绘画等艺术。尤其是哲学和音乐,在他的自由教育中占据主导地位,发挥着重要作用。在亚里士多德看来,"哲学是人间最光荣最神圣的知识",而音乐是净化心灵、愉悦神情、"自由和高贵"的"文雅"学科。自由教育的根本目的,是促进人的各种高级能力和理性的发展,后来演变为通识教育,以培养多才多艺的博学、有教养的自由人为宗旨。

近代以来,随着科学技术的发展,为适应经济与社会的发展,自然科学知识走进课堂,传统的人文教育逐渐被科技教育所取代,"人"的培养让位于"才"的训练。虽然这种重视自然科学的教育满足了社会生产力发展的需要,但是,人的片面发展也带来了一系列难以解决的社会问题:功利主义、竞争无序、道德滑落、人情冷漠、无社会责任感等。19世纪以后出现的技术教育,一度被誉为革命性变革,但同时忽视了对人自身的培养。对此,一些有远见的教育家很早就向人们发出了警告。英国学者纽曼一再强调教育必须以人文精神的培养为主要目标。美国教育家赫钦斯在20世纪30年代推出的"芝加哥计划",就将人文主义精神带入美国教育。

由上可见,西方教育界历来重视对人的综合素养的培养与提升,这种培养人的广博高雅素养的博雅教育应该包括人文科学、自然科学、社会科学及艺术科学在内的相关知识与能力。

二、中国文化是博雅教育实施的深厚沃土

中国传统文化,也是博雅教育的源头。《论语·述而》曰:"子所雅言,诗书

执礼皆雅言也。"《荀子·劝学》云："吾尝跂而望矣,不如登高之博见也。"先秦儒家强调教人以"六艺"（礼、乐、御、射、书、数）的目的,是要培养"君子",既有德行,又有社会责任感,还有高雅文化气质。因此,《论语·雍也》说："君子博学于文,约之以礼",强调的是教育培养有修养的人,即既有广博学识,又有高尚品德,这是历代教育者孜孜以求的理想人格。在中国古代人文精神中,"雅"与"博",乃是一种人生境界。"雅",即向内修养身心,实现奉献社会的人生价值,依靠健康和谐的身心、儒雅自尊的品格来具体展现；"博",即向外不断拓展,追求天人合一的人生境界,依靠求真务实的精神、勤恳好学的品格来实现。

著名教育家蔡元培曾提出"五育并举"的教育主张,即军国民教育、实利主义教育、公民道德教育、世界观教育与美感教育,充分体现了教育的"博"与"雅"的内涵。蔡元培倡导的五育教育,一方面涉及面广、内涵丰富,涵盖了德智体美诸方面,展现了教育对"博"的追求；另一方面,蔡元培首次将美感教育提升到教育方向的高度,而美感教育正是以追求高雅为指归。同时,蔡元培以"思想自由,兼容并包"为宗旨来治理北京大学,又可体现出他对教育"博"的追求；以"尚自然,展个性"作为对学生发展的专门要求,从中亦可看出蔡元培教育理念的核心是希望教育能培养出富有个性、品性高雅的人才。

纵观古今中外,博雅教育思想是不断变化、丰富与完善的,包括知识的获取、情感的陶冶和人格的塑造；其外延从对职业教育和专业教育的排斥,到一定程度的认可。虽然从自由教育到博雅教育在内涵和外延上有所变化,但其实质与精髓是一脉相承、永恒不变的,即高尚优雅的人文情怀、彰显人性的理性精神、求真务实的科学态度,而这些品性正是博雅教育培养学生完善自我、适应时代、奉献社会所必备的综合素质。

第二节　博雅教育的内涵精髓

博雅教育之"博",乃知识之渊博；博雅教育之"雅",则为品格之高雅。二字相连,既指知识渊博又包含品格高雅。博雅教育以人的精神追求与品性修养为目标,又将人格修养与知识熏陶相结合的教育过程和方法,源于中西古典传统教育。面向21世纪,教育应秉承博雅教育的宗旨,培养具有人文精神和科学精神的现代化人才。追古抚今,承前启后,博雅教育的内涵与精髓可概括为以下两个方面。

一、人文精神是博雅教育的内在灵魂

博雅教育,既要重视理性思维能力的培养,同时也要加强人文知识的学习,以提高学生的人文素养与品格修养。中国古代教育向来以重视人文而著称,倡导培养知识广博与素养高雅的"君子"。一方面,强调学生要有德行和强烈的社会责任感;另一方面,还要有高雅的文化修养和气质。同样,古希腊提倡的"七艺"教育("七艺"是指文法、修辞学、辩证法、音乐、算术、几何学、天文学),表面上看来是实用知识的传授,实际上包括人格培养与精神修养的内在要求。从这种意义上讲,古希腊将这种教育视为自由教育,一种以培养自由人格为目的的教育,充溢着浓烈的人文主义精神。古今中外历来重视文化修养与人格修养的内在统一,这是因为在古典文化轴心时代,衡量一个人是否有修养的标准主要包括文化修养与道德修养。高雅的人文素养与艺术趣味,是一个高素质人才的必备要求。博雅教育就是要培养学生的自尊自律、诚信友善、孝亲敬长、敬业奉献、互助合作、崇尚自由、主持正义的人文情怀与精神境界。

二、科学精神是博雅教育的客观需求

在现实生活中,我们常常会发现:有的人具有科学文化素养,却未必具有道德品质修养;反过来,有的人未必有很高的文化修养,却表现出令人赞赏的道德行为。这主要是因为有的学校教育仅将科学文化作为专业知识来传授,而忽视其人文教化功能,也就是没有很好地将求真务实的科学精神贯穿其中。在古典教育中,科学文化教育与精神道德教育始终是紧密结合的。孔子在谈到学《诗经》的作用时说:一方面,学《诗经》可以"多识于鸟兽草木之名",另一方面,《诗经》"可以兴,可以观,可以群,可以怨"。"多识于鸟兽草木之名"是科学知识,而"可以兴,可以观,可以群,可以怨"属于人文教育。而科学知识的传授与人文素质的养成,在《诗经》的研习过程中是和谐统一的。从这种意义上说,一个人假如学习《诗经》而仅仅"多识鸟兽草木之名",自然不能成为"君子";反过来,假如一个人不学习《诗经》,出于自然的情感也可以做出符合社会伦理道德的行为,但由于其缺乏文化修养,将无法对其行为做出理性判断与抉择。若按苏格拉底和康德的观点,他就不是一个真正自由的人,而仅仅是一个自然的人。因此,从博雅教育角度来看,道德修养以及人的精神境界之高下,与人的科学知识与科学精神是成正比的,也就是说人文精神的培养应以科学精神为依托。因为离开了科学教育,人类对文明与道德的自我反省能力就难以养成。只有受教育者具备科学思维、科学精神、科学态度,才能增强其客观的社会责任感与公正的道德意识,才能练就其视野开阔、知识渊博、谈吐高雅、言之成理的基本素养。

总之,人文精神和科学精神是密切联系,不可分割的,它们共同构成了博雅教育的精髓。

第三节 博雅教育的实践价值

当前在我国弘扬社会主义核心价值观与大力实施素质教育的背景下,在学校实施博雅教育尤为必要。这既是顺应时代发展潮流之举措,又是顺从教育发展规律之所为。

一、博雅教育有助于提升学校的文化品位

学校文化品位是学校优秀文化和崇高精神的凝集,是学校精神、制度、行为与环境的综合体现。博雅教育的核心是关注个人的内在素质提升,而不仅仅是为将来谋求职业做准备。古希腊所倡导的造就能参与社会的公民,我国古代所强调的培养德才兼备的"君子",均将人的综合素质提升作为内在要求。而当世界进入工业化和信息化时代后,有些学校存在功利主义倾向,甚至出现以就业为导向的办学行为,这就扭曲了教育的本旨。近年来,不少国家重提人文教育,首倡博雅教育与通识教育。因此,我们所讲的博雅教育,就是要着眼于人的综合素质的提高。不仅要强调人的认知能力与思维能力,更应当强调人的开阔视野、高雅气质、内在涵养、现代意识、公民意识与交际能力等。这些素质对帮助人们适应变化的社会和经济环境,以及他们走出校园后更好地适应社会并得到社会的认可,乃至对整个一生的发展均具有十分重要的意义。为此,培养人才的学校,应当关照博雅宗旨,建设适合于培养学生高雅素质的校园文化,在校

园营造一种浓郁的高扬"博雅"主旋律的良好氛围。只要学校长期坚持博雅教育理念,形成博雅文化传统,一所学校的文化品位久而久之就会得到提升。

二、博雅教育有利于提升学生综合素养

北师大核心素养课题组提出中国学生要发展核心素养,以科学性、时代性和民族性为基本原则,以培养"全面发展的人"为核心,分为文化基础、自主发展、社会参与三个方面,综合表现为人文底蕴、科学精神、健康生活、责任担当、实践创新等六大素养。要培养这些核心素养,博雅教育理应提上重要日程。因为一个身体成熟且健康的个体,并不标志其素养的全面发展,优雅的仪态、良好的修养、广博的学识、高雅的气质更为重要。博雅教育正是可以帮助人扩充知识、拓宽眼界、开阔思路、提升品位、学会审美、锻炼能力、陶冶情操、涵养品性,从而成为能够泰然处之、优雅得体、多才多艺的优秀人才。博雅教育的核心使命是培养适应未来的人,能够引领未来的人。博雅教育以学生的成长为中心,培养学生认识自然、认识社会并认识人的本身,认识自己的能力、培养兴趣、激情和觉悟,使学生形成良好的品格和能力。可以说,博雅教育是素质教育的着眼点,也是提升学生核心素养的必由路径。

三、博雅教育有利于推进教育教学改革

由于传统的教学模式及不合理的课程设置,使得小学教育成为主要以传授知识为主的应试教育之所。这样,学生科学意识淡薄,人文意识缺失,理性思维不足。而迅速变革的时代与社会又对人才提出了更新更高的要求,这就迫使学校教育必须加大教育教学改革力度,从更加宽阔的视野着手进行提升人才综合素质的改革与尝试。在这种背景下,倡导博雅教育正好能够满足时代发展与社会进步对人才素质提出的新要求。博雅教育有利于培养人的综合能力,应当倡导教师在教育中不仅要让学生学好书本知识,最主要的是让学生构筑广博的知识体系,同时要有坚毅的性格、高雅的兴趣、高尚的修养,培养学生的高尚人格与高雅气质,提升整体素质,形成健全人格,提高主体意识。可以说,博雅教育是教育教学改革的新方向和新趋势。

第四节　博雅教育的实施路径

我校是一所文化底蕴深厚的百年名校。据1924年出版的《胶澳商埠教育汇刊》记载，我校始建于清朝光绪二十八年，即1902年，是岛城第一所平民小学。1924年，中国共产党第一次全国代表大会代表、党的创始人之一邓恩铭同志曾在我校以教员身份作掩护秘密进行党的地下工作，为党的建设和发展做出卓越贡献，在我校历史上留下了光辉灿烂的一页。

尽管历尽沧桑，饱经风雨，但学校历代师生始终不忘教育初心，坚持严谨治学，开拓向前，学校在不同历史时期一直走在时代教育发展的前列。学校百余年的办学历史已积淀形成特有的、浓郁的"博雅温厚、明志笃行"的学校文化。

2009年，我校从战略发展的高度提出实践博雅教育的思想，开始在学校全面探索实施博雅教育。在充分研究学校文化底蕴的基础上，塑建学校文化整体框架，建构以"博雅"为核心的学校文化体系及实践路径，科学规划博雅教育推进之路，从办学理念提升、博雅课堂改革、博雅课程构建、育人品牌铸造、多元管理创新、博雅家校畅通等方面入手，积极探索提升学校内涵、促进特色发展的有效途径。十年来，博雅教育办学特色得到全校师生、社会各界和各级评估专家的高度认可，博雅文化逐渐成为学校的一张靓丽名片。

谈到博雅教育，人们更多想到的是在大学中实施，那我们作为一所小学为什么也积极投身博雅教育的实践和探索？国内现阶段的博雅教育，其实质是对此前相当一段时期中国博雅教育缺失的恶补，是对全面发展的社会人才需求的不得已而为之，而小学博雅教育则是全面人才培养的基础和本元。从教育的终极目的来说，无论是初级的小学教育，还是高等的大学教育，其根本宗旨是通过培养全面发展的高素质个体达到为现代社会发展培养人才的目的。在小学阶段实施博雅教育，就显得格外必要，也有利于高校突破其博雅教育基础薄弱的瓶颈。

博雅教育的精神理念表明：人的教育是一种全人的教育，或者说是对人的"灵魂"或"人格"进行的教育，它强调教育过程中内外兼修、品学并重的重要性。我校确定博雅教育的育人目标为"体健、知博、行雅"。博雅教育在学生身体素质方面，注重身心健康，尊重生命，热爱生命，即"体健"；在知识能力层面，注重学生广泛兴趣的培养、知识的学习以及能力的提高，即"知博"；在道德层面,注重培养学生优雅的气质和高雅的道德品味,即"雅行"。通过实施博雅教育,使学生成为知识广博,兴趣广泛、举止文明、气质优雅、人格完善的具有博雅特质的台六学子;使教师成为品行高雅、举止优雅、谈吐文雅的台六儒雅之师。通过实施博雅教育,进一步明确学校发展方向,促进学校内涵发展,提升学校教育质量,形成学校独特的办学特色,打造一流名校。

博雅教育的目的是培养知识渊博、品格高雅、有内涵的高素质人才,重点着眼于人的综合素质的提高,旨在培养人的内在涵养与文化气质。为此,我校博雅教育的实施重点从教学改革、课程建设、德育教育、管理变革等方面进行推进。

一、确立以人为本的生命教育观

博雅教育最重要的管理理念就是"以人为本"。"以人为本"就是坚持人的自然属性、社会属性、精神属性的辩证统一,这是我们从事学校管理工作时应当树立的一种教育管理哲学。在学校管理要素中,教师管理是第一要素,因为教师具有被管理者和管理者的双重身份。教师没有个性,学生没有特色,博雅教育提倡的培养学生的创造力、使课堂充满生命活力便根本就无从谈起。

人是教育的出发点,促进学生全面、和谐、自由、合乎目的地发展是教育的根本所在。教育里面有一个大写的人。要关心人、关注人的生存和发展;要关注人的完整性、独立性和个体性;要把人作为一个有情感、有个性的完整的人,而不是当成机器。在教育培养过程中,要将培养人的健全完整的人格放在重要位置,要强调人的自由、人的尊严和个性的彻底解放。我们教育所培养的人,不是一个技术动物、经济动物,而是一个懂得"为何而生"的真正的人,一个有丰富情感和健全人格的人,一个有个性、有文化底蕴、有开放眼光的人,一个会艺术化生存的人。在以往的教育中,教师还常常用单一标准来衡量学生。这种教育观培养出来的人缺乏个性,缺乏独特性,也造成了许多学生在教育中不仅没有受到关怀,而且受到不平等的对待。人是有个别性和完整性的。教育不是复印机,学生也不是复制品,人才也无法克隆。学生不是器物,是活生生的生命个体。学生有自己的爱好、性格、特长,有自己的成长轨迹。教育过程不仅是传授知识的过程,也是学生生命活动的过程。

在一定的意义上,教育是直面人的生命、通过人的生命、为了人的生命质量的提高而进行的社会活动,是以人为本的社会中最体现生命关怀的一种事业。

博雅教育的终极目的是把自然人、感情人变成社会人、理性人，是为了提升人性，使之尽快走向崇高和完美。

二、推进学校课堂教学改革

瓦尔塔·格雷戈里亚曾说："博雅教育的核心是教学的实施。教师要提高学生分析问题的能力，就要让他们了解不同的观点，熟悉探索问题的各种理论方法，要求他们用批判的眼光读书。"教学真正需要关心的不是学生在学习知识之后知道了什么，而是学生在价值观念、思维方式、生活方式等方面发生了什么样的精神发育。学习并掌握基础知识是教学的基本表层目的，但不是课堂教学的终极目的。促进学生成长和个性发展才是终极目的。对学生发展的终极目的来说，知识依然是教学的材料。通过学科知识教学发展学生的学科核心素养和学科关键能力，应是课程教学的根本目的。

博雅教育理念下的课堂教学改革，要坚定地树立"育人为本"的思想，辩证地处理教学过程中的师生关系、教与学的关系、目的与手段、时间与空间，以及知识与能力、知识与美德等关系，重建教学价值观、重组课堂教学结构、重构课堂教学文化，丰富课堂的教育涵养，是博雅课堂教学改革的根本方向。当下的课堂教学改革停留于教学程序的简单翻转和教学时间的粗暴分配的层面上，导致课堂呈现出把知识仅仅当作符号而进行的表面学习、表层学习、表演学习的局限性，制约了教学目标的完整达成和深度达成。

应试主义取向的教学有太多的短视和功利、太多的囫囵吞枣和食而不化、太多的浅尝辄止和"速效"课堂，这些必定消解课堂教学以及知识的教育涵养。挖掘知识所凝结的思想要素、智慧成分和德性涵养，通过转化促进知识的精神发育，是我校打造博雅课堂建设的根本基础。教学过程要切实从以知识为中心转向以学生发展为中心，教学不再仅仅把知识作为教学的对象，而是把学生作为教学和促进的对象，真正做到为意义而教、为发展而教。

三、构建学校博雅课程体系

课程是学校教育改革系统中的软件，是教育建设的重点工程，它集中地、具体地表现了教育要求。它是学校实现教育目标的手段，也是学生获得知识、提高智力与能力的重要途径。

在进行课程建设中，应转向以学生发展为本的方向，注重学生潜力的开发、能力的培养和智力的发展;在注重基础知识和基本技能的同时,还要注意基本能力和基本态度的培养;加强道德教育和人文教育;注重综合化课程开发,打造跨学科的课程。我校还将充分利用艺术教学优势,开设覆盖全校的小器乐、美术拓展和艺术社团课程,让学生都能够接受高雅艺术的熏陶,培养学生欣赏美、追求美、创造美的能力,激发学生的想象力与创造力。同时,围绕学生创新能力、高尚品德、健全人格等方面的培养,学校还将自主研发人工智能课程、心理健康教育课程、红色教育课程、特色体育课程等,更好地服务于学生全面发展。我校还将以博雅课程的课题研究为依托,不断探索完善形成学校的博雅课程体系。

四、提高学校德育教育实效

博雅教育倡导"育人为本、立德树人"的教育理念,我校坚持以德育为首,以学生的日常行为规范教育为基础,以各类主题教育活动为载体,拓宽德育工作渠道,不断探索德育教育的新途径和新方法,增强德育工作的实效性和主动性。

我校德育教育以创建育人品牌为主线,主要从这样几个方面去探索新方式和新途径。一是注重学生"美言雅行"的养成教育,结合学生的年龄特点,将培养学生良好的日常行为习惯贯穿在小学六年的学习和生活之中。二是注重开展丰富多彩的德育主题实践活动,各种活动围绕主题形成序列逐步深化,让学生通过实践活动来丰富自己的阅历,增长自己的知识和技能,让学生的情感、意志、品德、性格在实践与体验中得到升华,达到最佳教育效果。三是注重结合学校的校情和校史,结合我国一些传统节日和重大历史事件,挖掘德育教育的因素,建设教育活动基地,不断进行爱国教育、红色教育、传统文化教育、感恩教育、责任教育等,使学校真正成为学生的精神家园。四是注重实施学生发展多元评价。我校要进一步探索和完善以"博雅护照"为基本框架的多元评价体系,通过多元方式科学评价学生的发展状况,努力发现和挖掘每一个学生的特长和优势,帮助学生正确认识自我、建立自信,发挥评价的教育功能,引导学生找到自身发展的需求,明确自己努力的方向。

五、变革学校管理体制机制

现代学校管理的关键词是民主、自由和解放,通过民主尊重人的主体性,通过自由解放人的创造性。学校与政府、教师、学生、家长、社区之间形成一张利益关系网,现代学校制度建设的核心就是通过关系重建,解决学校与四者之间的合作治理问题,让各方都成为学校发展的创造性力量,在这样的基础上造就充满活力的博雅教育。

我校尝试创新管理体制,构建"一体两翼"的治理结构,即以校长负责制为主体,"教职工代表大会"和"校务委员会"为两翼的现代学校治理结构,转变职能,理顺关系,探索实现决策、执行、监督三权相互制衡又相互配合的新型管理体制。我校还创新管理模式,实行扁平化管理,加强内部结构改革,组建多个"发展服务中心"。"发展服务中心"之间不形成上下级关系,而是互相支持的"合作共同体"。学校将日常教育教学的管理、监控、指导和评价等权力下放到各个发展服务中心,推进扁平化管理,逐步形成责、权、利明晰的全员责任管理体系。学校还将尝试实施全员育人导师制的建设,形成人人都是博雅育人的导师和学校良好的育人氛围。同时,我校还将实行集团化办学,探索集团化办学的新模式,为推进区域教育均衡高位优质发展做出我们的贡献。

综上所述,博雅的内涵是广博高雅,博雅教育的实施注重引导受教育者学习和掌握广博的文化科学知识,从内部激发和促进其智能、品格、体质等综合素质的提升,使之成为有内涵、品位与素质的人;通过增强学生在知识领域认知的广度和深度,来激发学生的情感投入,把认识转化为自身的内在修养和精神气质,在此基础上立德、立言、立功,做一个自由健康、全面发展的人。在大力弘扬社会主义核心价值观的大背景下,我们既要致力于培养具有创新精神、实践能力的高素质人才,又要坚持"立德树人"原则,注重提升人才的综合素养,两者兼顾,相得益彰。

第二章
构建充满生长活力的博雅课堂

教育部《关于全面深化课程改革落实立德树人根本任务的意见》中，明确指出"学生应具备的适应终身发展和社会发展需要的必备品格和关键能力，突出强调个人修养、社会关爱、家国情怀"。然而应试教育对当下课堂教学的影响再次促使我们对课堂教学改革的方向进行深度思考。

所谓"高效课堂""智慧课堂""翻转课堂"改革，本质上是技术主义取向的课堂变革，其教学价值观是功利性的，而不是发展性的。课程改革对学生核心素养和关键能力的关注使我们再次回归到对教育本质的根本诉求。当下课堂教学改革的方向应该聚焦在教学价值观、教学结构、教学程序、教学文化的重组和重构，丰富教育的涵养，重在对发展性课堂进行挖掘和提升。

苏联教育家赞可夫主张做好教学与发展的关系处理，倡导发展性教学，"使学生理解学习过程""使班上所有的学生都得到一般发展"等发展性教学原则。学校遵循这些原则，提出构建具有生长活力的博雅课堂，倡导发展性的课堂教学，超越功利性或工具性的应试教育要求，遵循教育的本质，追求"育人为本"的价值目标，实现人的高阶发展。

第一节　博雅课堂教学体系的建构与实施

"课堂不仅是教师教学、学生学习的物理空间,而且是一个特殊的社会舞台,其中蕴藏着复杂多变的结构、情境与互动,是一个充满生机与活力的系统整体,远比物理空间具有更加鲜活的生命意义。"

一、博雅课堂的理想形态

传统课堂教学存在诸多弊端:重知识传授,轻体验发现;重知识技能掌握,轻思维思想的启蒙;重浅层学习展示,轻深度学习开展。

理想的博雅教育课堂应该是一种什么样的课堂?我们的回答是生长性课堂——思想生长的课堂、情感生长的课堂、思维生长的课堂,一切有益于学生发展的课堂。这样的课堂不局限于知识技能的传授,不局限于分数成绩的追求。它应该拥有更开阔的教育视野,它的目光更多地放在挖掘学生生长的潜力上,它带给学生更多的应是思想的觉醒、学习的持久力和对学习效能葆有的新鲜体验。学生通过课堂学习,获得思想的觉醒、学习的持久力和对学习效能葆有的新鲜体验,这样的学习才是博雅课堂始终追寻的培养人享受学习、终身学习的目标。博雅课堂就是要建设这种富有教育内涵的生长性课堂,以知识为载体,以激发学生的成长动力为价值追求,挖掘富含在知识内部的成长价值,让生长真真实实地发生,让学生的思想、情感、品格得到良好的发展,让博雅课堂回归学习的初衷,实现人的发展。

二、博雅课堂的构建理念

情感态度与价值观同知识与技能、过程与方法一起被纳入新课程的三维目标体系,但我们的课堂教学因遵循"知识中心"与"应试倾向",人才培养模式依然陈旧,知识教学局限于知识本身,缺少深层次对人的智慧提升、情感充盈、精神成长具有重要作用的内在价值的深入挖掘和开发,没有发挥知识引领人成长的价值和作用。博雅课堂的构建理念正是从这一认识出发,摆脱单纯的知识接受主义的窠臼,寻求博雅课堂的目标宗旨——实现知识学习与情感培养、德性养成和意义生成的有效统一。

(一)教学观:从"本体论的知识观"转向"主体论的知识观"

"本体论的知识观",就是从知识的生产过程和生产结果来讨论知识,把知识作为研究对象,就知识论知识。"

"主体论的知识观",不是就知识论知识,不是从知识的生产过程与产生结果来论知识,而是从学生发展过程与发展结果来处理知识。

这两种知识观有着本质的不同。前者是静态的,容易将表层的符号性知识作为教学的中心,表现出"去过程""去情境""去发展"等特征。而我们需要的是后者的知识观。在教学中以发展的眼光看待知识本质内涵,站在学生发展的角度解读各类知识问题,使学生在知识的学习中融入生命成长的全部意义。

(二)价值观:"价值中立"转向"价值多元"

教学中,如果教师一味追求知识本身的传递,导致的结果就是"使我们的教育成为一种去价值或去道德的教育……教育完全成为一种机械过程"。重构课堂教学价值观成为一个尤为重要的问题。教师的一切教育教学活动要从"价值中立"转变为"价值多元",挖掘知识背后蕴藏的人生价值和发展意义,在学生、知识和价值结构之间找到引领学生精神成长的最佳路径,帮助学生通过知识的学习获得精神世界的圆满。

我校倡导教师关注学生的六个成长方面:

1. 关注学生的生活世界,打通书本和生活之间的界限。让生活与书本发生密切的联系,在书本的世界引入生活的活水,以情感为纽带,激发学习的兴趣,激励成长的动力。

2. 关注学生的生命价值,给学生以主动探索、自主支配的时间和空间。生命的价值在于自我的尊严、自我的成就、自我的发展。有智慧的教师更善于给学生营造这样的成长平台,从时间和空间两个维度精心组织教学活动,设计教学内容,让学生有充分施展自我才能、体验生命价值的广阔区域。

3. 关注学生的生存方式,构建民主、平等、合作的师生关系。良好的师生关系是培育学生发展的最好土壤,它是柔软剂,它也是催化剂,能激发学生内心的成长潜力。

4. 关注学生的心理世界,创设对学生有挑战性的问题或问题情境。面对问题并尝试在探究中解决问题,这当中包含着对学生创新能力的激发和培养,蕴含着心理教育、生命价值引领的多种教育内涵。

5. 关注学生独有的文化,增加师生之间以及生生之间多维有效的互动。互动可以让不同群体身上独有的文化出现交叉、融合,这种多维有效的互动,可以放大文化的功能,实现文化的共荣、生命的共同成长。

6. 关注学生的生活状态,打破单一的集体授课形式。尝试运用多种教学形式:集体教学、小组合作、个别指导、师生互动、生生互动,根据实际情况组合运用,灵活变换。

(三)教学过程:"预设性"转向"生成性"

以预设为中心的课堂,强调对教学环节的单向、线性安排,忽视了变化、探究、反思、再造、再生成的弹性因素,导致课堂走向功利化、单调化,缺少生成与发展,变化与调整。

"教育决不能按人为控制的计划加以实行。教育计划的范围是很狭窄的,如果越过了这些界限,那接踵而来的或是训练,或是杂乱无章的知识堆积,而这恰好与人受教育的初衷背道而驰。"

生成性的课堂,强调用创新、变化和发展的观点去看待事物及其变化发展。运用于教学活动中,生成性视域中的课堂,重视在特定的教学环境中主体之间的交互作用,通过内隐的思维活动、精神活动以及外显的操作活动,使学生在获取知识的同时,交流思想、沟通情感和分享意义。它指向学生个体知识的建立、个体新经验的形成和个性化的成长,有利于学生在知识和能力、经验和体验、情感态度和价值观等方面的不断丰富、完善和成熟。

三、博雅课堂的教师队伍

博雅课堂的建构和实施,关键在于教师。教师是博雅课堂的"建设者"、博雅教育的传递者。那么,塑造一支具有博雅教育情怀的教师队伍就显得尤为重要。

(一)理解博雅教育的内涵,理念先行

任何一场教学的变革都是为了学生更好地发展。教学变革,理念先行。先行的应该是那些正确的、先进的、代表教育发展方向的理念。博雅教育的内涵是引导学生发现学习的意义,参与学习的过程,体验学习的效能。让意义、过程和效能发生有效的组合和裂变,放大学生自主参与学习的价值体现,学生便在其中获得精神层面的成长空间。这个空间会随着正向的教育不断增大。这正是实施博雅教育的初衷。

（二）教师角色要完成由"知识传递者"到"价值引导者"的转身

博雅教育落实在课堂教学中,要给学生提供一个更好的学习成长平台。在这个平台,教师扮演着重要的角色,他们要教给学生什么,以及用什么样的理念、什么样的教学方式去作用于学生,都显得非常重要。每个教师在走向讲台之前,心中都要有这样的思考,即我要培养什么样的人,我要通过我的学科教学培养什么样的人。博雅教育培养的是博识雅正之人,那么教学指向就不能仅仅局限于知识技能的传授,而是以知识技能为载体,引领学生去发现附着在其内部结构的学习的意义,体验学习的乐趣,将学生的学习引向更有研究价值的区域,引向体验高峰的成就感。

于是角色转换成为解决问题的关键。由"知识传递者"转身为"价值引导者",教师要全面地控制教学活动的组织与开展,从"知识 + 训练"的传统套路中跳脱出来。这和卡西尔的观点一致,他说"往一个人的灵魂中灌输真理,就像给一个天生的盲人以视力一样不可能的。如果不通过人们在相互的提问与回答中不断地合作,真理就不可能获得"。知识的习得、能力的发展、素养的形成不是靠单一的知识传授,而应是教师智慧地引导和激发的结果。教师在教学的过程中要善于学习"超越知识的符号表层进入意义领域挖掘那些对学生具有思想启迪、行为导向和心灵震撼的价值因素",引导学生形成正确的情感态度与价值观,实现有意义地成长。

四、博雅课堂的教学实践

如何把理念变成行动?如何解放思想?让教师突破已有的教学习惯,改变固有的教学模式并不是一件立竿见影的事情。只有让教师看到崭新教学理念下激发出学生旺盛的学习力,老师们才会彻底换一种角度思考问题,换一种方式和学生对话,改变才会真实地发生。

（一）案例教学行动研究

以学科年级组为单位,制定研究主题,展开行动研究。例如语文学科以阅读教学的改革作为突破方向,在语文教学中努力实现"人"的回归。如四年级以部编版上册教材第七单元为例,聚焦课型研讨,针对精读课文、略读课文、学习园地三种课型展开集体备课、教学设计研讨、课上实践、课后反思提炼,重点通过观测课堂教学,观察学生学习前后的变化,反思自身的教学行为。组内老师全员参与,教学分管干部全程跟踪指导。行动研究最大的价值在于能够帮助老师们诊断教学中存在的问题以及产生问题的根源、症结在哪里。溯本求源,才能找到解决问题的最佳路径。思想上的通达才会换来教学上的一通百通、教学行为上的实质改变。

(二)"点·创"式教学法实践探究

学校总结提炼"点·创"式教学法,倡导老师扣准训练点、生成点、拓展点,展开具有创造性、创新性的教学实践探究,突出学生主体的主动发展、学习的自主探究,培养学生的核心素养与关键能力。各学科以"点·创"式教学法为引领,聚焦教材的重点、教学的难点、教学方式的创新、教学对话的效能,深入实践研究。例如数学学科在实践研究中要求教师要弄清核心知识下内容之间的逻辑关系,根据学生学习的起点、心理的起点、逻辑思维的起点,敲定具有启发价值、发展价值的问题核心点。同时把研究的重点放在如何激发学生的探究兴趣点,如何通过有效的教学策略让学生体验到数学学习的快乐,放大学习的效能方面。

(三)开设博雅论坛,百花齐放

开设博雅论坛,给老师们提供一个传播学科教学思想、教学经验与教育智慧的平台,让有想法、有做法的老师开坛宣讲,让博雅教育在各个学科开花结果。全校上下形成浓郁的博雅教育研究之风,一个五彩缤纷的博雅校园正在形成。

美术学科以纸为媒介,围绕一项技能创新设计各年级的学习内容,如低年级学习折纸,中年级学习马蒂斯的剪纸(西方美术),高年级学习传统剪纸(窗花、戏曲人物等)。学生在掌握一项美术技能的同时品尝到了美术创作的成功喜悦,了解到中西方文化的差异,认知美、表现美、创造美的能力和素养呈现了一个阶梯式的可持续发展。

体育学科注重增强学生体质,在全面检测身体素质的基础之上发展体育技能。学校先后把武术、跆拳道、抖空竹、击剑、游泳、乒乓球、橄榄球、篮球、排球、足球引入课堂,使学生全员享有体育技能训练,享受运动之乐。

音乐学科突出学校管乐特色,以器乐教育为主线,低年级开设打击乐课程,中高年级开设葫芦丝课程,通过培养学生掌握一项器乐技能,内化学生对音乐的理解,健全学生的审美心理,提高学生的音乐素养。

五、博雅课堂的学习方式

学习的根本意义在于促进个体的精神发育。学习从它诞生开始,其根本宗旨就指向人的道德完善、理智健全,使人成为善思、守道、崇礼之人。发展是学习的核心要义。

学习具有实践属性和过程属性,是个体追寻与创造意义的实践活动,是学生与自然世界、社会世界、自我世界三重关系、三位一体的特殊实践,那么用什么样的学习方式进入学习、实现学习的最终意义、学习方式的选择变得至关重要。

博雅教育下的博雅课堂,倡导三种学习方式:自主学习、合作学习和探究学习。这三种方式突出学习者本人的地位,即主体地位,将学习者放在学习过程中的第一位置、首要位置,发挥学习者在学习过程中的主客体作用,通过思维、认知、体验等活动,实现对知识的改造,吸收知识的价值和意义,重新构建包括学习者的需要、能力、知识结构、思维模式等等在内的心智结构,实现其本质力量的增长。通过主客体的相互作用不断改造自己、发展自己、完善自己。

自主学习:强调人的主体作用,主动探究,自主发展。其学习的内部动机成为支撑整个自主学习的坚实地基。在人的生命成长、自我发展的链条上,这是最基础的一环,也是最关键的一环。

合作学习:这是一种互助性学习,小组成员相互协同,共同完成学习任务。它强调的是组员之间的相互配合,相互作用,相互影响。考验的是人的社交能力、协同合作的能力,是一个在教师引导下围绕一个探究主题,生命和生命之间彼此碰撞、相互交融、相互学习的过程。

探究学习:这是一种学习的高级形式,它对学习者的要求很高,要求围绕探究主题,组织开展有效的探究活动并且获得一定的探究成果,从而培养探究精神和创造性解决问题的能力。探究学习有助于学生创新思维的形成,良好学习品质的建造。

我们正在竭尽全力将课堂学习变成"一幅知识与经验交融、理智与情感互动、师生心灵碰撞、学习过程与学生成长意义关联的生动图景",用这样的图景构建具有生长活力的博雅课堂,实现博雅教育的终极目标。

第二节　探索语文学科博雅育人价值的实现路径

叶澜先生关于育人价值有明确的界定:"育人价值指向学生个体精神发育的全部——包括头脑中的知识结构层级,思维方式与思维品质,符号理解、互换与整合、综合运用的能力;对未知领域的好奇,发现问题和解决问题的创造能力;对事物认识的穿透力和时空贯穿感;对他人的善解、合作与处理矛盾和冲突的能力;对自然世界的感受、理解、理性相处与和谐共生的自觉意识和能力;对人生中各种美的感受和欣赏,乃至创造愉悦与美的能力;最终归结到对自我个性与人格、发展理想与信心、策划与在现实中践行的生命自觉意识与能力。"

语文学科的育人价值是什么呢?北京大学钱理群教授认为,语文教育的根本任务是通过"立言"来"立人"。其价值的终究目标指向人的完整教育,注重人的精神世界的塑造。这与博雅课堂的培育目标是高度契合的。

教学是器,教育是道,教学承载着教育的根本任务,教育通过教学来实现。

语文教师组织语文学习活动,从以下几个方面入手,才能培养学生核心素养,形成必备的语文能力,达到适合学生自身发展的品格与境界,从而完成学科育人的任务。

一、深挖文本价值

现行部编版语文教材按照"人文主题"和"文体语文要素"双线组合,设计教学单元。人文主题中的亲情、友爱、环境、科普、传统文化,语文要素中的段落结构、布局谋篇、修辞表达手法等等,这些都是文本价值,但不是我们要深挖的文本价值。我们要挖掘的实现育人功能的文本价值是什么呢?是文本特有的,能给予学生精神滋养的、丰富学生情感体验的、激发学生思维潜能的,能给学生带来成长价值的那部分内容。

部编版四年级上册有一篇课文是《盘古开天地》,其中有一段这样的文字:

> 盘古倒下以后,他的身体发生了巨大的变化。他呼出的气息变成了四季的风和飘动的云;他发出的声音化作了隆隆的雷声;他的左眼变成了太阳,照耀大地,他的右眼变成了月亮,给夜晚带来光明;它的四肢和躯干变成了大地的四极和五方的名山;他的血液变成了奔流不息的江河;他的汗毛变成了茂盛的花草树木;它的汗水变成了滋润万物的雨露……

这段文字描写的是盘古开天地,累得倒下之后,身体发生的巨大变化。这是一段典型的富有文学想象的文字描述,让我们看到一个美好的世界,日月风雨,江河雨露。而这个世界的美好都是用盘古的牺牲换来的。你看,盘古的气息变成风和云,声音化成雷声,一只眼睛变成太阳,一只眼睛变成月亮,血液变成江河,汗水变成雨露……仔细品读,会发觉想象得如此贴切。语文的学习到这里才刚刚有了意思。如果再做深一步挖掘,这段文字不光是文学的想象,在想象的背后更是人们对盘古精神的赞颂,对盘古开天辟地这一英雄壮举的敬仰。盘古作为创世英雄的形象,是上古先民心目中的神,具有至高无上的地位。也只有这样的英雄,才能给人类创造如此美好的世界。这段文字赋予英雄深刻的内涵,它是神话创作的魂。而这个魂,就是我们要挖掘的文本价值,它对塑造学生的英雄气质有着潜移默化的作用。这也就是我们说的语文学科具有移情的功能,它能通过文字符号的意义将思想、情感、意志、品质等传递给学生,助力学生人格的完善。

二、巧妙设计教学

《坐井观天》是二年级上册的一篇精读课文,课后有一道思考题:

小鸟和青蛙在争论什么?他们的说法为什么不一样?

关键是第二问,学生找到答案并不难,但如果就问题回答问题,这个寓言故事要教给学生的东西并不能很好地进入学生的心里,转化成他生命成长的一部分。大部分孩子的认知会停留在青蛙因为坐在井里,看不见天的实际大小。导致青蛙做出天只有井口那么大这个结论的原因,学生并没有形象感受,也就是说他没有和青蛙感同身受,他的认识获知是间接体验,有可能被遗忘,不被纳入个体的实践学习中。

课上老师做了一个精致的设计。他让学生将一张 A4 白纸卷成筒状,模拟井口,把纸筒放到眼前,透过纸筒,学生只能看见纸口大小范围内的东西。这个模拟实验一下子调动了学生探究问题的兴趣,他会在看见纸口范围内的那一小部分东西的瞬间,明白造成青蛙得出错误结论的原因。而对于有思想的学生,他们会有更深入地思考和认识:原来位置决定眼界。从什么角度出发看问题,结果跟看待问题的角度关系很大。而这些认识的获得,对于他们今后看待事物、判断事物奠定了良好的基础。它会沉淀在学生的认知系统里,伴随他的生命成长。这个操作看似微不足道,仔细体会下来,真的非常精妙。它把抽象思维巧妙转化成形象思维，让道理变得浅显易懂，瞬间完成了文章负载的育人功能，形象而生动，轻盈而深刻。

三、搭设学习发展梯度

当下课堂注重表面的形式活泼，对问题的深度挖掘、对学生的思维发展、对研讨活动的有效设计，都停留在表层，表演式的学习还是比较泛化。少见真实的学习课堂、思维活跃的课堂、精彩生动的课堂。师生的互动，作秀成分大，不见真功。课堂的表面热闹，换来了一个并不真实的学习空间，这样的课堂并不代表有质量的学习。如何实现高质量、有深度的学习？搭设学习发展梯度是一个有效的路径。

三年级上册有一篇课文《在牛肚子里旅行》。这是一个科普小童话，讲了两只小蟋蟀，一只叫青头，另一只叫红头。它们在一起做捉迷藏的游戏，结果红头不小心和草一起被一头大黄牛卷到嘴里了。红头以为自己要死了，青头隔着牛肚皮一直鼓励红头要振作，给它讲了牛有四个胃，并借助牛的反刍巧妙救出红头。故事的叙述颇有曲折，两只虫子的形象也塑造得非常成功。

课文的后面安排了三道思考题：

分角色朗读课文，体会青头和红头对话时的心情，读出相应的语气。

从哪里可以看出青头和红头是"非常要好的朋友"？默读全文，至少找出三处来说明。

红头的旅行真是惊险。画出它在牛肚子里旅行的路线，再把这个故事讲给别人听。

这三道题目的设置有一定的梯度，有体验角色朗读，有根据问题找解答，有绘路线图讲故事。题目的设置也呈现了由易到难的梯度，很好地引导学生学文悟情悟道。但这篇文章我们可以解读出更多的语文学习密码，比如：

（1）面临危险，青头和红头的表现有什么不同？你受到了什么样的启发？

（2）故事的结尾是这样写的：

青头笑眯眯地说："不要哭，就算你在牛肚子里做了一次旅行吧！"

在青头看来，红头的死里逃生更像是一次奇妙的旅行。你觉得青头对待事物的态度是怎样的？青头给你留下了怎样的印象？

这些问题前后对比，你就会发现它们阅读指向的功能是有差别的。分角色朗读，体会青头和红头对话的心情，这是一个浅层问题，它指向读者的感同身受。而面临危险,青头和红头的表现有什么不同,这个问题把浅层次的感同身受指向思维的分析、判断,引导学生透过现象把握本质,立起故事的人物形象——一个机智冷静,一个慌乱无助;一个积极寻求对策,一个悲观接受命运。这样的东西要不要教给学生,当然要。这正是塑造学生精神气质的绝佳时机,放过的话,真的是可惜了文本富含的这些育人价值。学生要通过这个形象的故事,向青头学习,学习一种困境面前不放弃、沉着勇敢应对的大将风度。再来看对结尾的问题设计,这是对"从哪里可以看出青头和红头是非常要好的朋友"这一问题的更高梯度设置,学生解读这个故事不仅要品出友情,更要品出青头在付出友情的同时,身上表现出的那种积极乐观的态度,这是非常重要的一点,它是在教学生积极乐观地看待周围的事物,尤其是当不幸的、倒霉的事情发生的时候,超然之上,乐观处之,这是很多大人都学不会的,在学生尚未建立完整的世界观、价值观、人生观的时候,这个问题的导向无疑是最形象最生动的教育。

搭设学习发展梯度,是对学生学习语言、感悟语言,发展思维、认识事物、评判事物设置学习梯子,让问题由易到难,由感性到理性,和学生的世界一步步发生联系,引导学生找寻学习的意义,激发学生的情感,实现生命的成长。

四、用学习的可视化达成学科的核心素养

学生语文核心素养的形成是学科育人价值最好的体现。在学习的过程中让学习以可视化的直观形式出现,既可以帮助老师把握学生的学习现状,提高接收能力,便于老师及时调控教学进度,变化教学策略,又可以帮助学生自我诊断,了解自己的学习情况,做出积极调整,促进实现自我成长的最大值。

可视化学习需要教师具备层级问题的设计能力。层级问题给学生的是一个有梯度的思考空间,让学生由低到高、由浅到深、由易到难潜入文本,与文本产生深度对话,从而逐步达到启迪思想、净化灵魂、学习语言、发展素养的目的。

例如《儿童诗赏读与仿写》一课中,执教老师以三首儿童诗为例,由读到仿再到写,教学思路清晰,教学设计巧妙,层层递进,师生情感充沛,课堂教学效果好。

第一步:用《春雨》唤醒孩子内心的诗性。

执教老师准确把握住《春雨》的诗歌特点,通过一遍遍朗读,引导学生发现

诗歌的语言美、画面美、声音美,感受春雨的勃勃生机,以及小朋友对春雨的喜爱。以情激情,以情激趣,示范学习,引导学生学会赏读诗歌。

第二步:用新诗《我来了》为学生仿写蓄势。

对于低年级学生,如何引导他们进行语言的品评和学习?读是最好的策略。执教老师运用多种读的教学策略:初读、再读、略读、朗读,悄无声息地让学生"入诗",感受诗歌语言的魅力,充盈学生的心灵,拉近了学生与诗的距离。为下面进行诗句仿写做足了铺垫工作。

第三步:以诗为例,进行语言转化。

先练习说诗。教学到此,老师不急于求成,而是通过呈现生活中的多幅图画、多种声音,激发学生语言表达的欲望,试着用诗的语言表达自己看到的画面、听到的声音。

再搭设支架,运用句式进行诗句仿说。在学生已有语言的基础上,出示学习的例子,引导用例子说诗,语言的运用便水到渠成。

第四步:引入同伴合作,进行诗歌仿写。

学习要有梯度,由易到难,把学生带入一个不断探究、不断提升的发展空间中。执教老师利用第三首诗《四季的风》,发挥小组合作学习的作用,让学生自己在朗读中发现诗歌的写作特点,通过同伴互助合作共同完成两个小节诗歌的创写任务,把学习的主动权交给学生,让他们在相互碰撞中,互相启迪,共同成长。

第五步:展示、评价,激励创作。

教学的最终目的是给学生搭设成长的舞台,让学生释放自身的光芒。展示自己的诗作,同学之间的相互评价,教师的点拨引导,都汇聚形成一股激励的洪泉,浇灌学生的思想和心灵。

学生在老师问题的层层指引下,其素养和认知、思维与能力、情感与表达得到了很好的呈现与展示,学生学习的表现力以一种可视化的状态展现在课堂上,把学习还给学生,永远是成就学科育人价值的重要路径。

第三节 指向深度学习的博雅阅读教学改革

阅读素养是语文学科学生核心素养中的核心。通过阅读教学改革,改变学生的阅读状态,由兴趣和习惯支撑的浅层次自在阅读逐步走向由思考和探究支撑的深层次自为阅读,发展学生的阅读素养,为其将来的语文学习形成核心竞争力打下良好的基础。

一、分类规划课程,确立"三位一体"教学理念

围绕学生人文素养的培养,学校总体规划并实施了三大类阅读课程:教材阅读、诗词阅读、整本书阅读。旨在开展分类阅读,形成连贯统一、彼此衔接的训练合力,积极带动阅读素养整体的发展与提升。课程遵循统编本教材"教读、自读、课外阅读"三位一体的理念,打通课内阅读与课外阅读的桥梁,实施课内外阅读教学一体化策略,从兴趣的培养到习惯的建立到能力的形成,逐步实现从自在阅读向自为阅读的质的转变。

围绕三大类阅读课程,学校统筹进行了核心任务的梳理,找准每类阅读课程的着力点,形成以教材阅读、诗词阅读、整本书阅读为支撑的阅读课程体系,为"三位一体"教学理念的实施,进行课程序列化推进。

教材阅读:以精读为主,略读为辅,实施一篇带多篇群文阅读。

诗词阅读:以古典诗文诵读为主,重在诵读数量的积累和经典篇目的赏析。

整本书阅读:以略读为主,开展广泛的课外阅读、自主阅读,既要有阅读量,又要有阅读面。

二、目标统领,科学建构课程实施框架

学校以各类阅读课程确立的着力点为课程实施目标,科学建构了各类阅读课程的实施框架,并在教学中着手实践和探索。

(一)教材阅读实施1+3单元主题阅读,为自在阅读到自为阅读的转身储备"动力能源"

依据部编版教材的编排特点,突出单元内容的人文主题和语文要素,形成三种语文阅读课型结构:精读课(教师精讲,学生精读)、略读课(学生自主阅读)、群文阅读课(同主题拓展篇目广泛阅读),着力进行不同阅读课型的教学研

究,明确各自的教学训练重点和学生能力发展区,切实通过 1+3 单元主题阅读的改革,提升学生的阅读素养。

以六年级上册第七单元为例,围绕"走进艺术"单元主题,进行 3 种课型、3 种阅读方式的渐进式研究,依据课型的性质和单元语文训练要素,着力探究阅读教学策略对学生阅读素养提升发挥的效能。

1. 精读课。以《伯牙鼓琴》为例,通过品读文言文,感受人物内心的情感变化,借助古典音乐《高山流水》激发想象和联想,感受古代音乐的独特魅力,进而理解伯牙和钟子期互为知己、精神共通的友谊。辅助使用思维导图,依据重点语句的描写,展开想象和联想,练习表达。

2. 略读课。《月光曲》一课故事性强,行文通俗易懂,课型由教材的精读课改为略读课。重点引导学习第 9 自然段,通过"以图画展现情景、以音乐渲染情景、以语言描绘情景"的策略突破想象的难点,形象捕捉月光曲的美妙旋律和意境,浸润艺术的享受,进而体会贝多芬高尚的品格及卓越的艺术创造力。

3. 群文阅读课。教材中有一篇略读课文《京剧趣谈》,依据六年级学生的阅读发展区,进行了拓展篇目的增加,补充了与该课同一主题的冀教版六年级上册第 27 课《京剧》,除了增加对京剧这个特殊艺术种类的了解和认识以外,主要训练学生借助韦恩图进行对比阅读,通过提取、分析表达方式的不同,将原本的单篇式、直线式阅读向整体性、结构性的专题阅读转化,增加自主阅读的篇目和自主阅读的目标要求,提升六年级学生的阅读思维品质。

通过教学内容的重组,形成以阅读为核心的"读本的精讲 + 同主题大量阅读 + 同主题文学及表演创作"的单元主题课程学习体系,扩充学生的阅读数量,扩大阅读范围,形成"学习阅读方法 + 主题读写实践"的训练主线,引导学生真实经历从悟法到用法的学习过程,实现语文学习的整体优化。

(二)诗词大赛推动古典诗词阅读,为自在阅读到自为阅读的转身助力

小学阶段古诗文增至 135 篇,占课文总数的 30%。这个数字的变化,将古诗文学习推到一个前所未有的高度。涵咏古典诗词,传承中华文化,已经成为语文学习的重要内容。

学校将古诗文的学习设计为活动类阅读课程,以诗词大赛作为课程实施的主要形式,推动全校古诗文的诵读与学习。

1. 学期初下发各年级古诗文背诵篇目(含必背古诗和拓展篇目共计 33

首)。

2. 各班晨读时间开展每日一首背诵活动。

3. 学期中段时间,班级开展诗词选拔赛,推荐选手参加校级诗词大赛。

4. 学期后段时间,学校举行诗词大赛,集中展示各班诵读成果。

学校借鉴中央电视台诗词大会的形式,举行诗词大赛,在全校师生和家长范围内引发强烈反响。学校邀请作家、诗人、岛城古典诗词创作代表人物祁文利担任评委嘉宾,现场为孩子们讲解古典诗词,即兴出竞赛试题,激发学生古诗文学习的热情。每年一届赛事的成功举行,触发了孩子们内心的诗性,宝塔诗、藏头诗、拆字诗、九字令……成为风靡校园的文学游戏。

古典诗词的诵读,为学生的阅读注入了传统文化的基因,加深了阅读功底,涵养了文学气质,为学生的自主阅读、个性化阅读、广博式阅读奠定了良好的基础,为学生由自在阅读向自为阅读的转变储备"动力能源"。

(三)整本书阅读课程化实施,实现自在阅读向自为阅读的华丽转身

新一轮课程改革,将整本书阅读纳入语文课程的"正规军",增加整本书阅读在语文课程中的权重,鉴于此项改革尚未形成成熟的理论体系与操作模式,学校采取"三步"式课程化管理模式,逐步推行整本书阅读。

第一步:将整本书阅读纳入课程实施。

通过"六个确立"(即确立课程目标、课程内容、课程时间、基本课型、教学流程、评价方式),在全校1~6年级全面推开整本书阅读。

第二步:抓好全员基础性阅读。

1. 统一发布推荐书目,每周保障自主阅读100分钟。

按课程标准规定的课外阅读总量,学校每学期每人阅读4本书,书单由全校统一发布。利用晨午读、语文课,落实自主阅读100分钟。

2. 推荐使用自主阅读单,开展自为阅读。

运用阅读单,在学生自由阅读的基础上,导引阅读方向、阅读重点,潜移默化引导学生明确自己作为阅读主体应当自主思考什么、探究什么,学习并实践自为阅读。

3. 开启互联网+在线阅读,科学检测阅读水平。

借力"考拉阅读",开展整本书阅读网上测评,借助大数据,科学分析并掌控学生的阅读能力水平,指引今后的阅读教学工作。

4. 鼓励班级开展个性化阅读，激发自为阅读。

有的班级利用喜马拉雅等APP建立班级阅读平台，接力进行整本书有声阅读。新颖有趣的阅读形式，激发和带动学生走向自为阅读。

第三步：典型引路，促进整本书阅读教学的实质性推进。

1. 业务干部进行教学示范，以点带面。

陈小滨老师率先执教《夏洛的网》，通过深入主题研读织网的文字、剪辑电影画面进行创造性配音等教学亮点的设计，就整本书阅读推进课型在全区进行了成功的教学展示，为老师们后续推进教学、引导学生开展探究式自主阅读提供了范例，打开了思路。

2. 青年骨干教师跟进，形成教学梯队。

牛晓雯作为青年教师的代表，继区优质课比赛取得一等奖、市优质课比赛取得二等奖之后，又进行了整本书阅读教学的课例研究，在市级城乡交流会上执教《青草湾》，就整本书阅读交流课型进行了精彩的教学展示。同时她作为学校语文老师的代表，接受青岛电视台新闻综合频道《今日会客厅》栏目的邀请，与著名儿童文学作家张吉宙同台进行阅读主题的漫谈，展示了学校语文老师良好的精神面貌和文化底蕴。电视台还对学校开展的整本书阅读、诗词大赛等活动做了大幅的宣传与报道。

3. 研发教学策略库，提供教学支持。

重点研磨读书方法。用实实在在有效的读书方法，引导学生有目的地阅读、有质量地阅读，助力有为阅读地顺利开展。

（1）指导策略。

用好常用的读书方法：默读、朗读、跳读、猜读、演读、快读、对比阅读、拓展阅读……

集思广益创新读书方法：图文结合读、游戏闯关读、多媒体资源介入的视听阅读……

整体与局部结合的读思方法：运用绘制思维导图、画情节梯、填充鱼骨图等形象图解，了解故事内容、梳理人物关系、分享读书收获。

（2）年级段侧重不同的读书策略。

低年级侧重游戏元素的介入，中年级侧重章节、片段鉴赏阅读，高年级侧重同主题对比阅读、小课题研究性阅读。

聚沙成塔，集腋成裘。阅读是一个需要长期不断积累的过程。学生阅读素养的形成和发展更需要学校静下心来，放慢脚步，统筹规划，科学引领，扎实推进。只有这样才能逐步实现从自在阅读向自为阅读的跨越性转变和华丽转身。

附：我校实施整本书阅读教学案例（一）

《我想长成一棵葱》导读课教学设计

潘剑剑

一、教学目标

1. 通过导读课，激发学生读书的兴趣。

2. 学习梳理人物关系图，掌握整本书的主要内容。

3. 选读"打架"和"吵架"两个故事，聚焦问题，展开思辨阅读，引发学生的成长共鸣。

4. 了解常新港的创作经历，激发阅读热情，推荐阅读作家的系列作品。

二、教学重难点

1. 激发学生读书的兴趣，为学生读书注入情感动力。

2. 传授读书方法，掌握整本书阅读的两个方法：理清人物关系图、思辨式阅读。

3. 领悟写作方法：处理好主角与配角的关系、使用象征手法。

三、教学过程

（一）课前导入，激发读书兴趣

1. 出示选择题：

草　花　云　山　鸟　狮

（1）请看大屏幕，如果你的人生可以重新选择，你想长成什么样子？说说理由。

（2）除了这些，你还有不一样的选择吗？

（3）有一个小男孩，他想长成这个样子——

（4）课件出示大葱的图片，激发阅读期待。

2. 板贴课题。指名说说感受。

3. 出示书名：我想长成一棵葱。

这也是今天我们要读的这本书的名字，请大家齐读。说出这个想法的，是一个男孩子，跟你们一样大，也上五年级。

（二）走进主人公的亲友圈

1. 出示封面画像，进行人物简介：

他的学习成绩一般；

他不是老师眼中的好孩子；

他经常会制造麻烦；

他有时还敢挑战权威；

他是一个"问题"男孩。

进步激发阅读兴趣：你有没有觉得这个小男孩并不陌生，你甚至会觉得他的身上也有你的影子。有没有兴趣跟着我走近他的生活。

2. 出示课件，依次显示人物关系图，相机介绍人物特点。

家人：妈妈、爸爸、爷爷、奶奶。

（猜猜他和谁最亲？）

班主任：文老师

（你们班主任姓什么？她有什么特点？）

（补充介绍文老师的特点：细眉毛半立起来）

同学：马晓锐、古盛京、程风、畅畅、雯雯。

（学生读名字，教师一句话简介各自特点：找事、话少、胆小、豪爽、自私。）

3. 明晰主要内容：本书正是以潘春春为主人公，以他的成长为线索，写了发生在他和家人、老师、同学之间的故事。

4. 小结读书方法：同学们，你们看，用梳理人物关系图的方法，可以帮助我们更快地熟悉书中的人和事，了解整本书的大概内容。这是一个很好的读书方法，推荐你们使用。

过渡：老师从书中选了两个故事，我们来先睹为快。你们想先读哪个故事？

（按照学生的选择，依序展开阅读。）

(三) 读故事

故事一：打架。

1. 听读故事。

2. 猜想后果：这架打得可真过瘾！气是出了，可接下来迎接他们的将会是什么？

（一个故事，如果它的结局都被大家想到了，那么这就不是一个好故事，读起来也不会有意思的。你们看，作者是如何设计下面的情节的？）

3. 潘春春顶着熊猫眼回到了家里，妈妈觉得天都要掉下来了。家里有一个人，对潘春春打架这件事反应很平淡，你们猜他会是谁？

4. 潘春春对爸爸过于平淡的反应感到很奇怪，他忍不住悄悄问爸爸："爸，我挨打，你也不管我吗？就眼睁睁看着别人把我打成熊猫眼？"

5. 爸爸说了两句话，很耐人寻味。我们一起来看一看：
人的成长是需要经历的！一个孩子是慢慢长大的！

6. 请你读读爸爸的话，请你再读读。你读懂了什么？你呢？
预设：经历错误、经历困难、经历失败、经历痛苦、经历挑战……

7. 点拨：人需要经历事情，才能长大。有句歌词说得好，"不经历风雨怎能见彩虹"。

所以也有人说，经历是宝贵的财富。一个男孩子，经历一次打架，留下一次疼痛的记忆，这恰恰是成长的开始。

故事二：吵架。

1. 学生快速浏览阅读纸上的故事。

2. 指名讲讲吵架的原因。

3. 小结：因为畅畅在雯雯作文本上留下"你心里有吗？"这五个字，惹恼了雯雯，她当众指责畅畅，引发同学们对畅畅的不满。

(四) 围绕核心问题，展开思辨阅读

1. 抛出思考的核心问题：
潘春春和马晓锐打架、雯雯和畅畅吵架，这两件事反映了一个共性问题——同学们在日常的交往中，难免会发生冲突。该如何处理同学之间的冲突呢？

2. 请同学们根据研读单,展开阅读研讨,整理一下潘春春、马晓锐、畅畅、雯雯是怎样处理冲突的?汇总结果,指定一名同学填写研读单。

3. 学生交流汇报。

4. 教师梳理学生的阅读结果,引导学生进步展开思辨阅读:
你们觉得这是最好的处理冲突的方式吗?还可以怎么处理?

5. 事情永远是发展变化的。你们知道最终的结果是什么吗?引导学生猜想故事的结局。

6. 出示片段,验证结局。

片段一:(略)

(1)指名朗读。

(2)结局是什么?

(3)点拨:就在潘春春心软的那一刻,他和马晓锐之间的坚冰融化了。他选择主动和解。

片段二:(略)

(1)分屏幕接力朗读。

(2)雯雯和畅畅是怎么冰释前嫌的?

(3)点拨:两个女生各退一步,和好如初。

7. 再遇到矛盾与冲突,你会如何处理它?

8. 导引方向:处理冲突的方式、方法,面对错误、主动承认,学会原谅和包容别人等等。

9. 出示:
学习原谅,学会包容。

(1)全班齐读。

(2)原谅和包容,是一种胸怀,也是一种境界。学会它,有时甚至需要用一生的时间。老师把这句话送给你们,希望对你们今后的成长能够有所帮助。

10. 点拨写作方法:

(1)在人物形象的塑造上,作者注意了这样一种关系的处理:主角与配角。

(2)请你们想一想:在打架与吵架这两个故事中,谁是主角?谁又是配角?

(3)你在写人物的时候,想到过用主角与配角的关系来塑造人物形象吗?

马晓锐身上的疤痕是作者有意让它露出来的,为了突出主角潘春春内心的善良;雯雯不真诚的道歉也是作者有意为之,为了突出主角畅畅真心去包容雯雯。这样的安排,是在巧妙地告诉读者,善与真是每个孩子心灵中应该存放的宝贵品质,它让人性散发美的光芒,它是在教我们如何做一个高尚的人。

11. 总结读书方法:

接下来请大家回顾一下刚才的读书过程,你能试着总结一下我们是用什么方法读书的呢?

12. 点拨:思辨式阅读。

聚焦核心问题,展开一层又一层阶梯式的阅读,将思考一次又一次引向深入的过程,就是思辨式阅读。请大家收藏这个读书方法,学会使用它,你的读书会有很大的精进。

(五)认识作家,激发读书动力

1. 出示作家头像,简介常新港:

中国成长小说的天王,著名儿童文学家曹文轩称其作品为"具有高贵血统的'王书'"。

2. 播放常新港的童年故事,激励学生读书,从书中汲取成长的力量。

3. 学生谈观片感受。

4. 教师交流:有一种童年,叫负重前行。作家常新港的童年为了四本书,承受了超强度的劳动负荷,也正是这样的成长经历,让他始终坚持这样一个儿童文学创作观点——

儿童成长的仪式不是享乐,而是疼痛。

疼痛是构成成长的关键要素,有多少伤痛,就有多少成长。

(随机完成板书:成长　疼痛)

在这样的坚守下,常新港写出了一部又一部引领儿童精神成长的好作品。(点击课件,出示常新港其余作品)他坚持用这样的一部部作品,为孩子们的人生涂上坚硬的底色。

(六)浏览目录,激发阅读兴趣

出示目录标题,说说印象深刻的题目,激发阅读期待。

（七）设疑问题，进步激发学生阅读兴趣

1. 再回到这本书的题目——《我想长成一棵葱》。其实这棵葱是有象征意义的。作者用了一种象征手法，想要表达一种思想。

2. 我想长成一棵葱，其实是潘春春一个真实而普通的理想，他是跟好朋友古盛京的一次对话中吐露这种心声的。

3. 出示对话：（略）

4. 设疑：

他为什么想长成一棵葱？作者使用这样一个书名，究竟想要表达什么？书读到此刻，我们并没有解决这个问题。老师把这个问题留给你，请你自己到书中去寻找答案吧。

（八）总结读书方法

阅读一本书的方法有很多，今天以《我想长成一棵葱》为例，为同学们梳理了两个读书方法：梳理人物关系图、思辨式阅读，学习了两个写作方法：处理主角和配角的关系、使用象征手法。

当然，读无定法，写也无定法。请大家用心揣摩，学会灵活使用。

四、作业设置

1. 阅读《我想长成一棵葱》，尝试回答潘春春为什么有这样一种理想。

2. 运用思辨式阅读，对《我想长成一棵葱》中以下两个章节的内容进行探究阅读：《做一件最小的事情》和《四只白鼠的命运》。

联系两个章节的内容，思考：

（1）做好一件最小的事情，有什么意义？

（2）如何对待一件最小的事情？

3. 推荐阅读《陈土的六根头发》，试着对比分析潘春春和陈土两个不同主人公的成长经历，并尝试整理你的阅读收获。

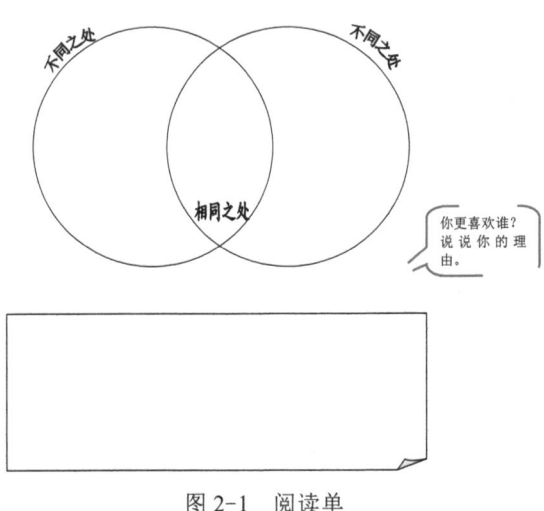

图 2-1 阅读单

附：我校实施整本书阅读教学案例（二）

《夏洛的网》推进课教学设计

陈小滨

一、教学内容

整本书阅读：《夏洛的网》

课型：阅读交流推进课

《夏洛的网》是美国作家埃尔文·布鲁克斯·怀特（E. B. White）写给孩子们的一部童话。这本学生喜闻乐见的书被选为《市北区中小学语文阅读实施方案》三年级的选读书目。这是一个关于友谊的伟大童话。它以新奇的想象、曲折的故事情节诠释了友谊的真谛——信任和承诺，坚守和奉献。

二、教学目标

1. 指导学生通过思维导图梳理人物关系，了解《夏洛的网》的主要内容。

2. 激发学生阅读兴趣，通过书中弗恩、夏洛等主要人物对小猪威尔伯的真诚帮助，感受善良和真诚的品质。

3. 通过文章片段的鉴赏，指导学生发现作者如何结合现实生活展开丰富想象并创编有趣故事的。

4. 结合本节课提炼的写作方法，观察教师提供的图片，展开丰富想象创作一个小的童话故事，训练语言表达能力。

三、教学重难点

指导学生发现作者如何结合现实生活展开丰富想象，提炼写作方法，并创编童话故事。

四、教学准备

学生：读书2～3周初步感知内容

教师：多媒体课件书、课堂阅读纸、平板电脑

五、教学过程

第一环节 激趣导入，质疑启思

1. 同学们，我听说大家这两周正在读《夏洛的网》，你们喜欢这本书吗？（出示图片）

2. 复旦大学中文系教授严锋曾这样评价《夏洛的网》——世界上有两种人，一种人读过《夏洛的网》，另一种人则正准备读。

这本书成为经典，经久不衰的原因是什么呢？今天就让我们一同走进这部名著。

3. 介绍作者。（出示作者简介）

第二环节 梳理情节，发散思维

通过两周的阅读，相信同学们一定对这本书有了一些了解，接下来，我们一起来阅读大闯关，有没有信心接受挑战？

(一) 书中人物关系图（人类篇）

1. 请同学们先来看两张思维导图。第一幅是小猪威尔伯与书中人物的关系图,看起来像什么？（大大的蜘蛛网）

你能根据图上的提示,介绍一下这几个人物之间的关系吗？

比如,弗恩和艾弗里是兄妹,朱克曼夫妇是弗恩的舅舅和舅母。

学生自由表达,教师观察并掌握学生读书情况。

(二) 书中人物关系图（动物篇）

1. 小猪威尔伯的世界里,除了有这些人类朋友外,还有一群动物朋友。都有谁呢？这就是威尔伯的生活圈,他们生活在一起,互相帮助,互相关爱,快乐无忧。

2. 这个关系网中,老羊和母羊,公鹅和母鹅,同属一种生物,他们之间的关系是否可以合并？

是呀,同是一种动物,但是作者依然写出了各自不同的特点。

小结：你们看,不论是在人类世界还是动物世界,威尔伯都是整个故事的中心人物。

(三) 用颜色表示关系

1. 同学们,有人说文字是有色彩的,今天老师就想让同学们用颜色来表示书中人物之间的关系。刚才的两张思维导图都在你们的课堂阅读纸上,请同学们小组合作学习,用颜色表示人物关系。我们一起看合作要求。

（课件出示小组合作学习要求：① 小组交流：如果让你用颜色来表示小猪威尔伯与人类或动物之间的关系,你想用什么颜色？把颜色涂在阅读纸上相应的方框内,并讨论一下为什么选用这样的颜色？② 选取你们小组最感兴趣的关系进行汇报。③ 合作学习时间：3分钟。）

2. 交流展示。（两组）

学生自由表达,教师观察并掌握学生读书情况。

根据学生发言及时评价：通过同学们的发言,老师知道了原来小猪威尔伯之所以能活下来,之所以能成名,是因为有这么多好朋友真诚地帮助它。这本书里有这么多充满色彩、充满温情、充满力量的情节,多么有趣。

小结：同学们,今后我们在读这类人物比较多的小说时就可以用思维导图的方法梳理人物关系,理清故事情节。

第三环节　选读文本,提炼方法

1. 出示《夏洛的网》:

这本书取得的成就——至今已经发行 500 万册以上,拥有 20 多种文字的译本,位居"美国十佳儿童文学名著"首位。这本书最大的成功就在于作者丰富的想象。(板贴)

2. 出示:有小书迷好奇这个童话故事是否真实,写信给怀特,怀特去信回答:"不,他们是想象出来的故事——但是,真的生活也不过是生活的一种罢了——想象里的生活也算一种生活。"

同学们,让我们一起走进书中的文字,阅读片段,判断哪些是真的生活,哪些是作者展开的想象呢?

出示片段一(略):

1. 这段文字在书中的 75 页,谁想来读读?学生朗读。
2. 你觉得这个片段是真的生活吗?学生可以各抒己见。

出示片段二(略):(分角色读)

1. 这段文字在 18 页,是作者的想象,但是中间依然有非常真实的生活,找到了吗?快速读读(想象源于生活)
2. 再仔细看看母鹅的语言,和真实的生活有什么不一样的地方?
3. 分角色朗读有趣的对话。

出示片段三(略):(教师引读)

1. 这段在书中的 57 页,请同学们默读,这段文字里面藏着一个科学知识,看谁最先找到?

同学们看,蜘蛛是节肢动物,它有八条腿八只脚。每条腿有七个节,他们是(引读)……

2. 作者将自己了解的科学知识自然地融入文学作品中,显得那么真实。

小结:看来真实的生活是想象的基础。

片段四:展开想象,改编配音

文中这样依据现实生活场景,展开的丰富且合理的想象,还有很多,而老师最为欣赏的还有一段,这一次老师要卖个关子,这儿有个电影片段,中文字幕丢失了,请同学们猜一猜,这个电影片段大约是书中的哪一段文字?

(放电影片段)

猜到了吗?

出示片段四:86页:

1. 喜欢这段想象吗?为什么?

是呀,夏洛召集谷仓里的朋友们聚在一起开大会呢,在为小猪威尔伯想办法,多么温情又充满趣味的一幕啊!想读读吗?这一次老师要提高要求了。

2. 同学们,一般小说拍成电影的时候谁都会有所改编,刚才我们看的那个片段是不是就和原文不一样啊,人物有什么变化?下面就请同学们来做一次小小配音员,根据原文,展开丰富的想象,为这个电影片段配音,进行模仿秀大比拼。

3. 为了能配好音,老师已经在每个小组的平板电脑里放好了电影片段,同学们点开视频就可以看,可是要想配好音,还需要做什么呢?开动你们聪明的小脑瓜想一想(引导学生归纳:把同学们的锦囊妙计总结一下根据画面上人物动作表情,体会人物心理,关注文本的提示语和标点,模仿人物的声音语调)

3 学生合作学习,配音展示。

4. 提炼方法:

《夏洛的网》之所以受这么多人喜爱,是因为作者想象得太出色了,通过刚才的赏读我们知道了原来秘诀是:想象源于生活,想象成于观察,想象在于合理。(板贴)

第五环节　发挥想象,创编故事

仔细观察课件上的这幅图,看一看图片上都有谁?想象它们之间又会发生一个怎样的故事?请根据你的想象,编写一个童话故事。

六、课后作业

1. 必做:(1)继续读书,自己喜欢的部分可以多读几遍。

(2)根据图片内容展开想象编写童话故事。

2. 选做:(1)将这个故事讲给爸爸妈妈听,注意突出主要故事情节。

(2)画一画本书中的人物关系图。

结语:同学们,每一本书,它的文字是有声音的,有图像的,有温度的,还是有色彩的。它能让你快乐,它能让你变得优雅和高贵。愿同学们一生与好书为伴

第四节　以阅读量规干预学习质量提升的阅读评价

一、博雅阅读卡——知行走天下

学校开展博雅阅读,为学生设置读书卡片。一枚小小的读书卡片,把学生的目光吸引到读书中来,在书中的世界行走,读尽天下文章,阅尽万千风景,尝尽百态人生。

我们也用这枚小小的读书卡片,检验学生的读书过程。读书了吗?读得怎么样?一张小卡片,如实地反馈学生是否参与了读书,是否与书有亲密的交往。它成为老师评价学生读书的一种方式。

读书卡形式活泼,生动亲切,学生在阅读的时候能够轻松完成,不给学生增加额外的阅读负担。还给学生留有发挥的空间,个性阅读,个性表达。

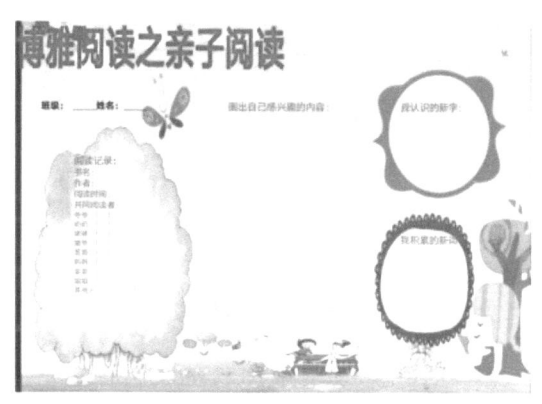

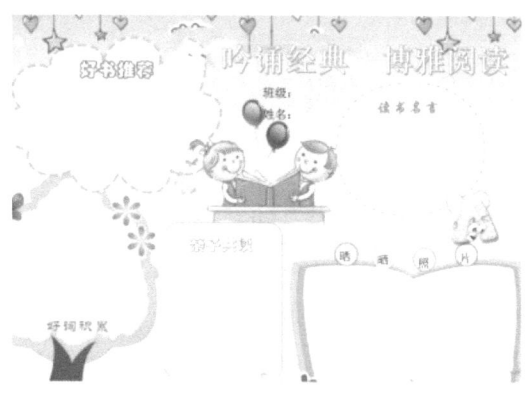

图 2-2　读书卡示例

图 2-2 读书卡示例

二、我的读书笔记——记录阅读的成长档案

学校语文组合力研发"我的读书笔记",为每个学生建立阅读档案,记录每一年的阅读成长,作为读书评价的特色档案。

图 2-3 "我的读书笔记"

读书笔记具有阅读导向的功能,我们把小学生课外必背古诗词 75 首和 1～6 年级博雅阅读推荐书目 100 本整理出来,引导学生的过程性积累和阅读。

读书的点滴收获都留在这里:

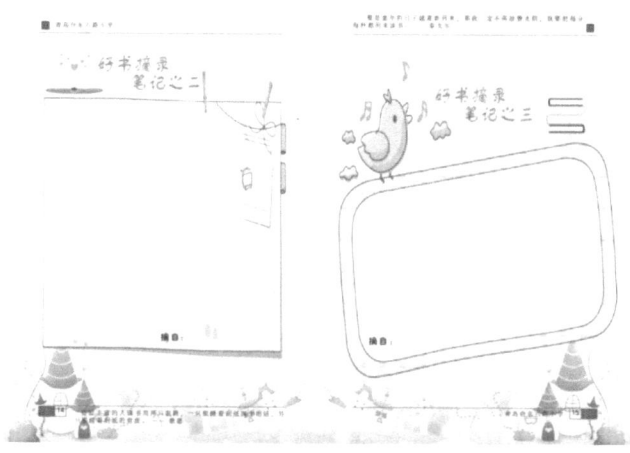

图 2-4　读书摘录卡

读书笔记具有评价的功能,读书奖状是对学生一学期读书过程的评价,它以数字的形式量化读书;班级(校级)读书小明星荣誉称号的评定,又以证书的形式对学生的读书结果进行综合认定。

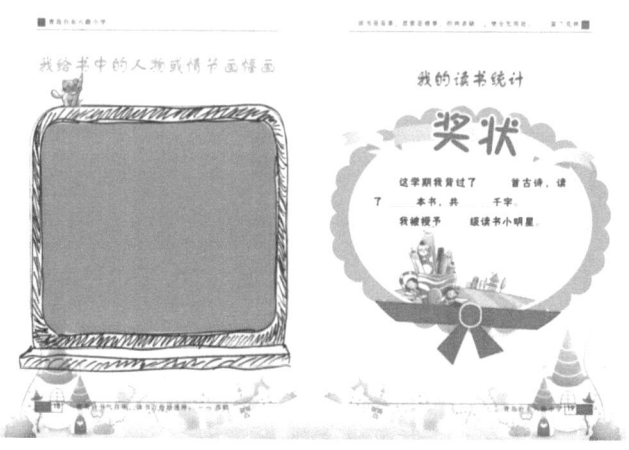

图 2-5　读书统计卡

有人说读书是最好的教育,我们认为读书也是最好的评价。一个热爱读书的孩子,他的学习潜力和发展潜能是优于一般孩子的。而这,是我们考量孩子综合素质最重要的一个凭借。

三、校园作文集——《飞扬的蒲公英》

读书的最终目的是要转化语言应用。作文作为阅读的出口,它是另一条评价阅读的途径。当学生把阅读的文字内化为自己的语言再用文字表达出来时,这是一种思想到另一种思想的飞越。如果把这种飞越用诗意的语言表达出来,那么,就应该是这本校园作文集的名字——《飞扬的蒲公英》。翻开这一本本作文集,我们如同走进了一个个美丽的世界,内心充盈着欣喜与感动。从孩子们的笔尖流淌出来的每一个文字,是他们多彩童年的缩影。清新、畅快的小诗记录着一颗种子的变化。自然、凝练的散文写出了春的声韵。奇幻、美妙的童话故事驰骋着天真的想象。这其中有孩子们的体验、心情、感悟、思念、希望……这一篇篇优美的文章,编织出了他们彩虹般的梦。

一朵一朵蒲公英,借助阅读的力量,满载思想与情感,朝着梦想飞翔。远方,有更壮阔的风景在等着他们。

图 2-6 《飞扬的蒲公英》

第五节　博雅教育与数学教学有效融合的策略

博雅教育理念倡导以人为本，要求对学生进行全面的教育，实现其充分发展。在数学教学中，我校注重引导全体教师树立"从知识技能导向转为良好的数学素养导向"的教育观念，数学教学不仅仅让学生获得丰富的数学知识和技能，更重要的是培养学生良好的思考方法和习惯，不断提升学生良好的数学思维品质。通过富有生命力的数学学习体验，让师生、生生在学习互动中进行思维和心灵的碰撞交流，塑造学生健全完善的人格。

一、探究合作，让学生成为学习的主体

数学教学中，我校充分结合"点创式"教学法，带领学生围绕课本中的学习重点、难点、易错点、混淆点等创设有效的小组合作、动手实践、自主练习、竞赛游戏等探究活动，改变学生的学习方式，让学生充分参与课堂，真正成为数学学习的主人。

1. 自主探索——在参与中体验获知喜悦

数学教学中，教师要给学生留有探索空间，充分调动学生学习的主动性、积极性，让学生在学习过程中参与探索性的研究，让学生积极参与到学习的过程中来，博雅教学强调的是学习的过程，注重的是学生在这一过程中的感受和体验。例如，在教学"梯形面积的计算"时，可以结合教学重点让学生自主学习和探索新知。本节课教学重点是学会梯形面积计算方法，目的是让学生在计算方法的推导过程中进一步深入理解数学转化的思想。教师可以先引导学生观察、思考，让学生利用前面学习的平行四边形和三角形面积推导方法去思考梯形面积的计算，然后让学生借助有关材料亲自去探索规律和方法。大部分学生利用了两个完全相同的梯形重合旋转的方法。在此基础上，可以启发引导学生利用一个梯形推导计算公式，发动学生们自主去探究，动手去实践，去思考，通过剪一剪、拼一拼、比一比等方法，共得出 6 种梯形面积计算的推导思路和方法。

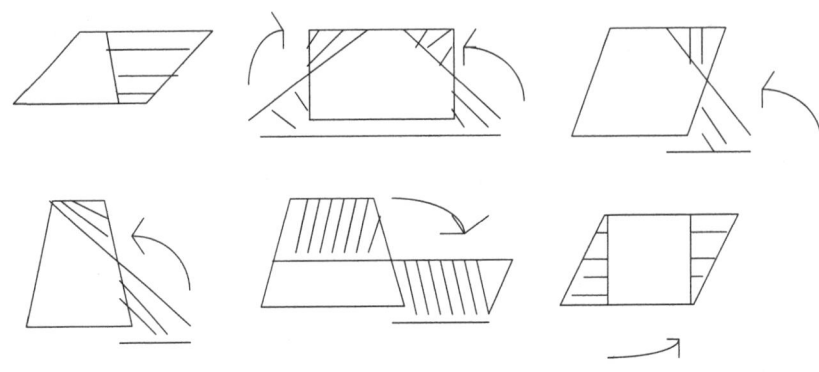

图 2-7　6 种梯形

整个过程充分发挥了学生自主探索的能力,人人参与,人人探索,发展了学生的智力,培养了他们的创造性思维。同时,学生通过比较这 6 种方法发现,梯形通过六种剪拼方式变成了不同形状的图形,虽然形状变了,但是面积一直没变,进一步理解了数学转化思想。

2. 自觉交流——在合作中培养善知意识

充分发挥小组学习的力量,促使学生善学。分组讨论是课堂教学最常用的学法之一,这种讨论方式使得课堂气氛宽松、融洽,每个学生都有充分的机会各抒己见。数学学习中,有一些知识难点学生自己很难理解,总是找不到正确的方法,可以让学生通过相互讨论,交流各自的想法,加深对问题深刻的理解,逐步提高学生思维的正确性和深刻性。例如,在教学百分数应用题时,"求一个数比另一个数多百分之几"的题目是学生学习和理解的难点,可以让学生以小组为单位根据同一个要求的问题,每一位同学编出不同的条件,相互解答,再相互评价。如要求的问题是:"苹果树比梨树多了百分之几?",小组内同学出示的条件各不相同:

果园里,苹果树有 120 棵,梨树有 100 棵,苹果树比梨树多了百分之几?

果园里,苹果树有 120 棵,比梨树多 30 棵,苹果树比梨树多了百分之几?

果园里,梨树有 100 棵,比苹果树少 20 棵,苹果树比梨树多了百分之几?

果园里,苹果树和梨树一共有 200 棵,其中苹果树有 120 有棵,苹果树比梨树多了百分之几?

…………

学生们一问众答,课堂气氛异常活跃。在讨论中,同学们通过比较总结,发现不管条件如何变化,因为所求的问题不变,解题的思路也不变,都是用"一个数比另一个数多的除以另一个数",解题方法万变不离其宗。学生在思维碰撞的过程中,不仅掌握了这类应用题的结构特征,使所学知识系统化,更重要的是激发了学生学习积极性,增强了学生学习的自主性,变"学会"为"会学",变"苦学"为"乐学",思维品质不断优化,真正成为学习的主人。

二、点拨引领,发挥好教师的主导作用

在博雅教育的理念下,教师在教学中注重对学生的学习进行有效引领,想要让学生的学习有方向、有思路、有路径,教师要从固有的教学思维中解放出来,用教育眼光和整体视野把握教材,进行单元统整教学、系统思维整理。学校很荣幸参与了山东省课题"基于课程标准的小学数学深度学习研究"的研究,结合我校的博雅教学,我们要求老师们要抓住学生的兴趣点、思维发散点、知识模糊点和盲点,采用"点创式"的教学模式,通过发现和分析问题,由一个"点"带领学生深入研究,适时点拨,溯其本源,培养学生系统性的思维方式,从而有效达到学习的深度和研究的广度。博雅教育强调学生主体作用的同时,也不能淡化和忽视教师的主导作用,我校倡导数学教师要在点拨中体现出教师的主导,要点准关键、点明差异、点醒疑惑。

1. 点准关键

在教学青岛版《整数除以分数》一课时,算理的教学是本课关键,教师在关键处可以有两次点拨,帮助学生构建经验,归纳算理。

第一次点拨:重在渗透方法,产生猜想。

每个书信袋需要 1/5 米,2 米布可以做几个?学生列式为 $2÷1/5$。在这里可先让学生讨论交流,动手画一画,分一分,一米布可以做 5 个书信袋,2 米布就可以做 2 份 5 个,也就是 10 个,即 $2×5=10$ 个($2÷1/5=2×5=10$)这时教师顺势点拨:然后让学生观察这个等式中的 5 与 1/5 有什么关系?你能想到什么?在引导学生观察等式,研究等式从左边到右边的变化中,发现 5 和 1/5 互为倒数,让学生初步猜想:感受整数除以分数要转化成乘法来计算。整数除以分数就是乘这个分数的倒数。感受这可能是计算分数除法的策略和方法。

第二次点拨:重在验证猜想,归纳算理。

教师设疑:刚才我们计算了除数十几分之一的分数,能否说明同学们的猜想适用于所有整数除以分数的情况呢?一个大书信袋用布 2/5 米,2 米布可以

做几个?

这里依然先让学生小组合作先在图中分一分,学生有了初步体验后再点明 2 米里有 (2×5) 个 1/5,每 2 个 1/5 看作 1 份,2 里面就有 (2×5÷2) 个 2/5。即 2÷2/5=2×5÷2=2×5/2。计算整数除以几分之一的分数时,学生初步知道分数除法可以变成乘法来计算。除以几分之几的分数则加强对这种转化的体验,这里教师要求学生想一想等式 2÷2/5=2×5/2 成立吗?其中左边的 2÷2/5=5,学生通过动手分已经得到结果。右边的 2×5/2,通过计算得到 5。左右两道算式得数相同,表示等式成立,证实了猜想是正确的。这样通过多个不同层次的论证,使整数除以分数的计算方法在学生头脑中更明晰。学生通过两道例题的比较自然归纳出整数除以分数就等于乘这个分数的倒数。

2. 点明差异

教学百分数的意义时,百分数与分数的区别是学生的易混点,教师设计了这样一组练习题:

下列哪些分数可以写成百分数的形式:

① 一批货物,运走了 97/100 吨。

② 一批货物,运走了 97/100。

通过一组练习的点拨使学生明确 97/100 吨,就是 0.97 吨,也就是 970 千克,是一个具体的质量。不具备"一个数是另一个数的百分之几"的含义,虽然它的分母是 100,也不能把它看作百分数,更不能表示成百分数的形式。而 97/100 表示运走煤的吨数是这堆煤原来吨数的 97/100,显然它是一个百分数,可以写成 97%,通过这些辨别,学生就能清楚地知道,百分数是分母为 100 的分数,而分母是 100 的分数不一定是百分数,这种感受使他们更关注百分数的本质特征。分数既可以表示一个具体的数,也可以表示两个数之间的关系;百分数只能表示两个数之间的关系。这样就在"同中求异"和"异中求同"中把两个概念间的差异"点拨"清楚。

3. 点醒疑惑

"统计与概率"作为小学数学教育的四大领域之一,对于培养学生收集信息、整理信息、分析信息的能力有很重要的作用,但这一部分的学习概念较多,有的还比较抽象,给学生的掌握造成困难,如教学《可能性》时教师出了这样一道习题:抛一枚硬币,正面朝上的可能性是 0.5;如果连续抛两次,那么两次都是正面朝上的可能性肯定小于0.5了。现在已经抛了三次,都是正面朝上。这时,再抛第四次,这一次正面朝上的可能性(　　)。

A. 大于0.5　　　B. 等于0.5　　　C. 小于0.5　　　D. 无法判断

当连抛三次,硬币都是正面朝上时,学生纷纷猜测第四次肯定反面朝上了。这里教师可先让学生进行操作,然后顺势提醒学生:这是一次"独立事件"即"每次抛硬币,都只有两种可能"无论哪一次抛,都不受前面的影响。这样教师根据学生课堂生成的疑惑因势利导使学生拨云见日,明辨是非。

三、动手实践,让知识与生活密切相关

陶行知老先生说:"行是知之使,知是行之成。"学习知识的最佳途径是自己去实践,在实践中学会发现,这种发现对知识理解最深刻,也最容易掌握其中的内在规律。

如教学青岛版五年级下册《测量不规则物体》一课时,教师可以让学生在实践探究中把握关键,即不管是什么样的不规则物体,都可把它的体积转化为水面变化的那部分水的体积。

在小组合作实践中,教师只给学生提供了必要的工具:不规则魔方、水缸和充足的水,并没有指导具体的操作步骤。学生主导整个实验,他们通过组内分工、研究讨论、动手操作、记录和计算数据几个步骤,自主完成得出结论。由于学生之间的思维差异,他们的实验过程和结论也各有不同:

"水放得特别少,没有没过不规则物体",得出结论:要想得到测量数据,必须使不规则物体完全浸没于水中;

"水刚好没过,拿出不规则物体",得出结论:不规则物体体积等于下降部分水的体积;

"满缸水,放入不规则物体",得出结论:不规则物体体积等于溢出部分水的体积……

整个实验的操作过程,每个学生都参与到小组实验中,在不断的自主探究中产生思维碰撞,不断唤起学生的学习兴趣,产生怀疑、讨论、分析、探究、创新等意识,既培养了沟通合作的学习能力,又培养了学生到手操作的能力,学生体验到学习的快乐,收获知识的同时树立了学习数学的信心。

另外,数学作业的设计应体现学生的主体意识,注重激发学生学习数学的兴趣,利于学生积极主动参与和探究。作业设计不是以学生对或错几道题为目

的,而是在学生完成作业的这个过程中,培养学生处理信息、运用知识解决问题的能力,进一步提升知识技能与创新思维,发展学生的情感态度与价值观,从而实现数学教育的最终目标。如在讲"长方体和正方体"认识之后,对学生说:"小明买了两本书当作妈妈的生日礼物,请同学们帮忙做一个长方体的盒子,并用彩带包装。"请写出设计方案,让学生求"做这个长方体的纸盒需多少纸板?"是所学的表面积的知识,"彩带的长度是多少?"是有关棱长的知识,这样既加深了对知识间的联系和区别的理解,又提高了学生的实践操作能力。再如,在教学比例尺后,让学生测量学校操场,并按一定比例尺画出学校操场的简图;在教学简单的统计之后,让学生分别调查本班同学家庭的经济收入、家庭职业等情况,并绘制成统计表。在学完利息利率后让学生调查银行存款利率,了解理财产品,为妈妈设计一份理财方案等。学生通过自己的实践、观察、总结,并在此过程中有所发现,有所领悟,培养了他们的实践能力,促进了学生数学素养的形成。

苏格拉底说:"教育不是灌输,而是点燃心灵的火焰。"我们的教育改革的趋势也日益证明了学生学习的自由性特征,我们应该通过博雅教育的学习活动"唤醒"学习者的"主体觉醒",让学生不只是追求接受单纯的学科知识,而是追求完美的人性,拥有广博的知识和优雅的气质,从而塑造自己高尚优美的人格。

附:博雅课堂数学教学案例

智慧广场——有趣的数字谜(算式中的推理)

许 阳

一、教学内容

青岛版二年级《数学》p82 智慧广场——有趣的数字谜(算式中的推理)

二、教学目标

1. 让学生初步学会运用竖式方法进行加减计算,学会。

2. 让学生通过推断加减法各部分的数字,能够初步进行能进行简单的推理,初步培养学生推理能力和有条理思考问题的意识。

3. 让学生通过简单的推理过程,体验逻辑推理的思想与方法,感受逻辑推理的趣味性、严谨性以及数学结论的确定性,培养学生积极思维的学习习惯。

三、教学重点

引导学生根据加减运算的规则,比较数学算式和结果的特点,从中发现一些有趣的数学规律。

四、教学难点

培养学生自主探究的能力和逻辑推理能力。

五、教学方法

自主探究、合作讨论、交流展示法,情境教学法。

六、教具学具

探究卡,课件等。

七、教学过程

(一)通过游戏创境,导入新课

1. 先进行猜数的小游戏,老师两只手里各有一个数字3和5。你能猜猜左手和右手分别是几吗?

2. 学生猜。

3. 提示:我右手里不是3。你现在能知道我手里的数字是几吗?

4. 揭示:通过老师的提示而得出结论的过程在数学中就是推理。今天这节课让我们一起来学习有趣的数字谜——算式中的推理(板贴课题),看看谁是咱班真正的小小推理家。

【设计意图】通过小游戏让孩子感知可能性,并通过一定的提示得出结论。灵活的呈现形式和富有挑战性的素材将枯燥的数学问题变得更加形象,可以更好地激发学生学习的兴趣,体现数学学习的趣味性。

(二)设置闯关情境,体验推理过程

1. 小小推理家一:猜猜"我"是谁?

(1)我 + 我 =6。

提问:先来一道题热热身!猜猜算式中的"我"代表几?大胆猜。

预设学生回答:3。

追问:为什么是3?你是怎么猜的?

预设学生回答:不是的,因为两个我表示的数字是一样的,所以两个3就是6,一个我代表3。

评价:哦!原来同学们不是胡乱猜的。猜之前先仔细观察了算式,有一个全面的分析,发现了相同的字代表相同的数(板贴)。

(2)再猜一猜"你"和"他"各代表几?

你 + 他 =4。

谈话:根据刚才同学们的经验,应该在猜想之前观察算式,仔细分析。谁来说一说你是怎样分析的,这里面隐藏着什么关系?

预设学生回答:不同的字代表不同的数。(板贴)

谈话:根据分析,大胆猜想可能是几?

根据学生答案板书:1+3=4
　　　　　　　　　3+1=4
　　　　　　　　　0+4=4
　　　　　　　　　4+0=4

2. 小小推理家二:

(1)谈话:同学们真厉害,挑战一个更难一点的吧!

$$\begin{array}{r}博雅\\+\ 博雅\\\hline 9\ 2\end{array}$$

你知道"博"和"雅"在这道算式里各代表哪个数吗?

预设学生回答:两个"雅"表示相同的数字,两个"博"表示相同的数字。个位两个"雅"相加得2,十位上两个"博"相加得9。学生先找联系算式,找到汉字与数之间的关系。

(2)进步引导:那到底博和雅各代表什么数呢?自己思考10秒钟,然后在自主探究卡上写写看。写完的同学,把你的想法和同位之间交流一下。

(3) 学生写的过程,教师巡视。

我发现了:"雅"在( )位,"博"在( )位。

我是这样想的:"雅"=( )"博"=( )。

试一试,算一算:( )( )
$$+\underline{(\quad)(\quad)}$$
$$)92$$

结果就是:"雅"=( )"博"=( )。

(4) 实物投影学生的探究卡,指名交流做法。

预设学生 1 回答:雅=1,博=4 或 5。

预设学生 2 回答:"博"不能表示两个不同的数。

(5) 教师小结:我们来一起梳理一下刚才的过程。(边梳理边出示 PPT)

首先,我们先观察两个"雅"字,他们相加得 2。根据这种关系马上就会想到 1+1 等于 2,那"雅"可能就是 1。那"博"是多少呢?两个相同的数相加,5+5=10,4+4=8,3+3=6,怎么也找不到一个相同的数相加等于 9,发现这个过程可能有问题。"雅"不可能是 1。那么,还有哪个数字相加会出现 2 呢?"雅"可以代表 6,因为 6+6=12,这样 9 就可以减去进位的那个 1,就只剩下 8 了。博加博等于 8,那"博"就是 4。这样得出了结果,经验证后发现 46+46=92。

刚才同学们的探索中,有对的,有错的,但是我们都经历了同样的过程。

大家都是先观察算式,思考分析找出他们各部分的联系;然后根据分析我也猜,你也猜,进行了大胆的猜想;那猜到的这个数到底对还是不对呢?就把猜的数值带到算式里面试一试,进行了验证;最终得到我们合理的结论。(边总结边出示 PPT)

(6) 谁再来说一说,要解决这种数字谜的题需要几个环节?

预设学生回答:推想要经过四个环节:从分析到猜想,再通过检验,最终得出正确结论。(根据学生回答板贴)

(7) 结合推理的这几个环节,同位之间相互说一下刚才的思考过程。教师巡视。

【设计意图】数字谜这类数学问题非常有趣味性,灵活运用我们学过的加减法知识是解决这类问题的关键所在。这部分教学由简到难,先通过两道简单的小题,让学生理解相同的字表示相同的数、不同的字表示不同的数的道理。然后再出示课本例题,此时,学生就很容易理解题目意思。学生自主探究出答案后,教师带领学生分析探究过程,分析时带领学生总结出推想的四个环节:分析,猜想,验证,结论。

3. 小小推理三:

(1)你能不能根据这种方法来解决"小小推理三"?在你的探究卡上做一做吧!

$$
\begin{array}{r}
好 \\
+\ 好\ 好 \\
\hline
7\ 2
\end{array}
$$

(2)谁来说说你是怎么想的?

(学生回答时,要引导学生往"分析,猜想,验证,结论"这四步上靠。)

预设学生回答:我先分析算式,得出好+好个位上是2,然后我立马想到好=1,1+1=2,但是我带到十位上发现不对,1不能等于7,我觉得错了,我就换了个想法,可能好+好=12,好=6,然后我带到题目中发现是对的。

评价:你推理得很有条理!通过分析题目,找到了算式中每部分的联系,然后通过猜想、验证,最后得到了结论。你们也是这样做的吗?

(3)独立完成第二题。

【设计意图】讲解完例题后,马上进行迁移练习,巩固推理的四个环节:分析,猜想,验证,结论。通过练习探究卡上的题目,使学生逐步加深推理的印象,理解推理方法。

4. 小小推理四:

(1)出示题目,解决减法问题。

$$
\begin{array}{r}
A\ B\ 4 \\
-\quad A\ B \\
\hline
5\ 5\ 3
\end{array}
$$

(2)学生自主解决,同桌讨论。

预设学生回答:因为4−B=3,所以B=1。1−A=5,不够减,所以肯定借位了,11−A=5,A=6。

（三）知识拓展

谈话激趣：同学们，今天我们学习的内容，在古代我们的祖先就研究过，并有一个有趣的名字，叫虫蚀算，你们想了解吗？请看屏幕：播放微课。

【设计意图】通过播放《虫蚀算》的微课，让学生了解古代数学的发展历史，感受到我们祖先的聪明才智，从而激发学生的爱国主义情感。

（四）畅谈收获

小小推理家们，紧张刺激的推理结束了，你有什么收获吗？

【设计意图】学生畅谈收获，教师引领学生梳理本节课所学的知识，帮助学生构建与推理有关的知识体系，同时培养了学生的推理能力。

（五）回顾总结

通过解决博雅问题，我们在合作交流中学到了推理的方法，还运用这些方法解决了不少难题，从而学会了有趣的数字谜知识。

第六节　如何在小学英语教学中渗透博雅教育

"Liberal Arts Education"有多种译法，但"博雅"的翻译更能体现出其内涵与优美。"博"为广博的知识，"雅"为优秀的个人素养、修养。

在小学英语教学中，渗透并实践"博"之理念，要求教师既要注重知识的横向扩充，重视学科间的关联，又要在广博的基础上求深度。我校教师根据学生的年龄特点和知识储备，充分利用教材内容、适时的扩充与延展，多管齐下，力求让学生博学多闻，不断提升学生的综合运用能力，真正实现英语的交际功能。

一、在英文学习中感受语言之美

英语语言蕴涵着音韵美，根据皮亚杰儿童认知发展阶段理论推论，小学阶段的学生处于具体运算阶段，思维有一定的局限性，对抽象的音韵概念理解欠佳，因此教师可以借助CD-ROM等多媒体形式，让学生通过反复模仿朗读，教师适时指导等方式充分感受到元音与辅音，清音与浊音之分；长音与短语，重音与非重音之别；强读与弱读，升调与降调之异，把兴奋、淡漠、轻松、沮丧、肯定和犹豫等多种心理状态准确地表现出来。文本教材中还提供了大量的 chants,强调格律和韵脚,读起来朗朗上口,学生只有真正领会了英语语言的美,才能激发出审美的兴趣,从而产生强烈的学习英语的愿望。

二、在英文学习中感受艺术魅力

课本中几乎每个单元都配有英文歌曲,这是学生最喜欢的学习环节之一。许多英文歌曲旋律动听、节奏轻快、内容生动,让课堂氛围更加轻松。学生通过演唱歌曲可以增强英语语感,改善发音,扩充词汇,拓宽视野。比如歌词中有一句是:Go Dutch! Go Dutch! Let's go Dutch. Dutch 的中文意思是荷兰,按照字面意思 Go Dutch! 就应该翻译为"去荷兰"。但实际意思是"AA 制",为什么有这样的翻译?这跟荷兰的文化有关。过去荷兰人和英美人做生意很小气,久而久之,就成了一种英语表达方式,学唱英文歌曲是学习语言文化的最佳手段之一。它赋予语言学习更多的内涵。

再如一年级的学生学习了红、黄、蓝、白、黑、粉 6 种颜色的英语表达,为提高学习兴趣,教师带领学生做了一个小实验:将红色颜料和黄色颜料进行混合,得到橙色,英语表达为:Red and yellow make orange,将红色颜料和蓝色颜料混合起来,得到紫色,英语表达为:Red and blue make purple,将蓝色颜料和黄色颜料进行混合,得到绿色,英语表达为:Blue and yellow make green,将红色颜料和绿色颜料进行混合,得到棕色,英语表达为:Red and green make brown,小实验激发了学生强烈的好奇心,他们高度关注着实验的变化,不仅扩充学习了 orange/purple/green/brown 这些新单词,操练了重点句型,而且还切身感受到颜色的奇妙变化,丰富了美术方面的知识,把课本上的知识与实际活动结合起来,使学生沉浸于英语学习,并且最终内化为一种能力,这是非常有必要的。这不仅激发了学生的学习兴趣,最终还培养了学生们在实践中学习知识、运用知识的能力,真可谓一举多得。

音乐和美术是艺术的重要组成部分,在英语教学中教师要善于挖掘和补充教材中提供的素材,让学生接受艺术教育的熏陶,借力激发学生学习英语的兴趣和探究知识的原动力,从而提高教学质量。

三、在英文学习中了解历史文化和民俗习惯

语言是文化的载体,语言与文化两者密不可分,相互依存,相互影响。任何

语言交流,都是对文化的表述、阐释和新的构成。美国语言学家 Claire Kramsch 说过:"语言表述着、承载着,也象征着文化现实,两者密不可分。"胡文仲教授提出,学习一种语言应该同时发展两种能力:语言能力和文化能力。

由此可见,让学生在英文学习中了解历史文化和民俗习惯是非常有必要的。由于学生的年龄较小,所以文本内容一般都比较浅显,想学习更广博的知识,则需要教师引导学生在语言习得的过程中更全面地关注并了解文本中所涉猎的历史、地理、风土人情和习俗等。比如:在学习 *My hobby is collecting stamps.* 一文时,教师可以为学生们适当的补充学习内容:1840年世界上的第一枚邮票"黑便士"(The Penny Black)诞生于英国,设计者是罗兰·希尔,面值1英镑。当时的邮票是无齿的。直至1847年发明了齿孔机,才有今天这样带齿的邮票。1881年11月,第一次国际邮展在奥地利维也纳举行。1878年,清朝晚期,中国发行了第一套邮票"大龙邮票",一共三张,有绿、橙、红三种颜色,让学生对中外邮票知识有一些初步的了解,更能激发学生的学习热情。

在学习 *Why do you like Australia?* 一课时,文中只讲述了澳大利亚特有的动物考拉和袋鼠,这显然远远不能满足学生们的求知欲,因此我指导学生们通过电脑网络、查阅书籍等途径,了解澳大利亚的地理位置、国旗、首都、最大的城市、所讲语言,了解考拉和袋鼠的生活习性,了解澳洲还有哪些独有的动物?有什么代表性建筑和游览胜地?有什么特色美食?让学生对澳大利亚这个南半球国家有更加全面、立体的了解,学习内容向纵深发展,极大地满足了学生的好奇心和求知欲。

小学阶段的英语文本中共介绍了英语国家的四个重要节日,分别是:复活节、万圣节、感恩节和圣诞节,我们很多中国孩子热衷于过这些"洋节",做南瓜灯,戴鬼面具,戴圣诞帽,摆圣诞树……但是他们对这些节日的由来却并不清楚。其实,复活节、万圣节和圣诞节是基督徒和天主教徒的节日,感恩节是美国人独创的一个节日,是家人们团聚的日子。教师可以引导学生们查阅资料,了解更多的关于西方节日的内容,如这些节日的来历、时间、所吃的特色食物、所进行的活动等,借助于表格进行归纳与总结,了解并尊重英语国家的文化与习俗。

在日常的英语教学中,根据学生的年龄特点和认知水平,将文本学习内容进行有效的补充、拓展与延伸,可以帮助学生汲取更广博的知识,丰富头脑,为后续的语言表达做好铺垫,让学生的交际内容更充实、更完整。

四、在英文学习中关注自然科学

小学英语课本中很多教学内容的设计不仅有趣味性,更具知识性,包含了一些自然科学的道理,虽然没有明确表述,但教师应对这部分内容加以关注并进行挖掘,激发学生的好奇心和求知欲。如澳大利亚的夏天,Sarah 正在大海里游泳,那北京现在是什么季节?大明在做什么?为什么同是 8 月份,两个国家的季节却不相同?一年级有一篇文本是关于 Chameleon(变色龙)的,它会变成绿色、黑色、蓝色、白色、红色和黄色,孩子们感觉十分有趣,但变色龙在什么情况下才会变成这些颜色呢?六年级课文 *Pandas love bamboo.* 一文中提到:Pandas eat for twelves a day. 教师可向学生提出问题:"熊猫为什么一天要花费那么长的时间吃竹子?"在学习四年级课文 *It's far from the earth.* 中,教师可让学生们查阅太阳系中有几颗行星?离太阳最近的和最远的行星分别是什么?这些自然科学知识的学习有效地发展了学生的思考力,对未来的持续性学习做了最好的准备。

五、在英语社团活动中提高英语应用能力

英语社团深受学生们的喜爱,教师为学生提供了大量的听、说、读、写等提高英语技能的活动内容。如英语模仿秀表演、英语歌曲演唱、英语 Rap 表演、英语演讲、英语美文朗读、英语情景剧表演、讲英语故事等,丰富的活动内容激发了学生对英语学习的热情,进一步培养了他们综合、灵活运用英语进行交际的能力,这也正契合了学校以人为本、以学生发展为本的教学理念。

六、在英语课外实践活动中丰富、运用英语知识

在日常生活中,英文标志随处可见,发现生活中的英语,是提高学生英语实际应用水平的极佳途径。比如:地铁叫"metro",车厢内有很多的英文警示语:"Watch your hand.""No smoking.""No leaning.""Mind the gap."去商场购物时,入口是"Entrance",出口是"Exit",推门是"Push",拉门是"Pull"。购买衣服时,我们可以看到衣服的大小号分别是:特小号 XS、小 S、中 M、大 L、特大号 XL、超特大号 XXL,这些生活标志的熟知,将英语知识与实践有机地结合在一起,学以致用。杜威倡导"教育即生活"。这种教学方法显然迎合了上述例子

所讲的这种知识联系实际的需要,为两者之间寻求到一种高效的方法以至于让两者之间达到一种平衡。在教学的实践中,教师运用语言、实物、媒体等多种丰富多彩的方式,学生通过这些方式能够充分地掌握、运用课本知识,这些教学方法为课堂呈现了一套知识的饕餮盛宴。

教师通过多种途径丰富学生的英语学习内容,让学生汲取了广博的知识,但仅有知识是不够的,我们的教育还应注重对学生人格的全面培养,人文修养才是教育的根本,"做人第一,修业第二",这就是"雅"。对小学生而言,"雅"主要体现在以下三个方面。

(一)Learn to be(学会做人)

1. 培养良好的礼貌习惯

英语课本中提供了大量的礼貌用语表达,如Good morning. Good afternoon. How are you? Nice to meet you. Thank you so much. You're welcome. Yes, please. No, thanks 等,教育学生与他人交往时要多使用礼貌用语,以礼待人。

2. 树立正确的行为准则

学生在实际生活中会去各种场所,一定要遵守各场所的规章制度,绝对不能随心所欲,目无规则。教师结合文本内容加强对学生的规则教育,比如,在医院里要"Be quiet",在图书馆里"Don't draw or write in the books",乘车、购物要"Wait in line",关注交通信号灯"Watch the traffic lights",过马路要走人行横道线"Walk on the zebra crossing",不要践踏草坪"Don't walk on the grass.",不要随意摘花"Don't pick up the flowers",不能触摸工作着的机器"Don't touch the machine"等,从细节入手对学生们进行规则教育,严格他们的行为规范,提升他们的整体素质。

3. 学会与他人和谐相处

在课堂教学或英语社团活动中,教师经常会采用同位交流、小组合作讨论等授课方式,让学生们聚在一起互相交流切磋,其目的就是让学生了解与自己不同的思考问题的新观点、新角度和新思想,要求学生能用包容的心态面对不同,用友善的态度与人交流,学会与人相处。

在英语文本中,还有很多中国故事蕴含了最简单的人生哲理,*Woof! Woof!* 告诉学生不要说谎,否则失道寡助。*A magic paintbrush* 教育学生要做一个善良的、助人为乐的人,不要做一个贪得无厌的人。*A leaf* 讲述了一个自以为是的蠢人，做事不动脑筋，最终被众人所耻笑。这些小故事都在潜移默化引导学生：做人、做事一定要踏踏实实！

（二）Learn to think（学会思考）

孔子曰："学而不思则罔，思而不学则殆。"他强调学习与思考结合的重要性。在课堂教学中，教师要给学生留出充分的思考时间，引导他们提出有价值的问题。大教育家苏霍姆林斯基说过："人的灵魂深处，总有一种把自己当作发现者、研究者和探索者的固有需要。"在六年级 *Snakes.* 一文中，描述了一条蛇随着笛子声在跳舞，有学生会提出疑问："蛇是聋子听不到笛声，它为什么会随着笛声翩翩起舞呢？"在四年级 *Why do you like Australia*? 一文中，学生会提出问题："为什么袋鼠、考拉、鸭嘴兽、鸸鹋等动物只有澳大利亚才会有？"对于学生思考后提出的问题，教师通过前置性作业的布置，让学生们通过电脑网络、书籍、报纸杂志、询问他人等途径寻找答案进行交流，教师适时给予指导，这样做既保护了学生们的好奇心，鼓励他们成为问题的发现者，研究者，自主解决问题的能力，成为探索者。教师一定要鼓励学生善于思考，提出问题，因为会思考的孩子才最具有发展潜力。

（三）Learn to ask（学会质疑）

小学生对教师有着无比的崇敬与依赖，他们由于年龄较小的原因，对教师所讲知识往往深信不疑。但其实教师在授课过程中也会出现一些疏漏或不严谨的地方，学生如果发现，应鼓励他们大胆提出自己的见解。比如：在一次六年级的毕业考试中，有一道题目是用动词的正确形式填空，这篇文章通篇使用动词的过去式填空，但在最后一句表达大明对这本书的喜爱时，部分同学使用的句型是：He loves the book very much. 没有使用标准答案中的：He loved the book very much. 阅卷时，我们都按照标准答案给学生扣了分。但下发试卷后，有学生提出质疑："这两个答案都应该是正确的，它们表达的时态不同而已。loves 表示大明到现在还喜欢这本书；loved 表示大明当时喜欢这本书。"学生们说得很有道理，后来我们又请教了教研员和外教老师，经过讨论认为这两种答案都对，教师对提出质疑的学生进行了表扬。再如，教师在讲授 /a/, /e/ 开音节单词时，通过系列单词：make/face/name/date/cake/hate/take... 引导学生们总结了它的发音规律：元音字母 /a/ 后面有一个辅音字母（除 r）之外，最后是一个不

发音的 /e/ 构成的音节,这个元音字母发它的本音,这叫开音节单词。但课堂上立刻有学生举手反驳:"单词 have 也是这种结构,字母 a 为什么不发它的本音呢?"学生提出的质疑很有道理,教师愣住了,意识到自己的授课确实不够严谨,没有把几个特殊情况讲明白,最终进行了补充解释,让学生得到了满意的答复。敢于质疑,是学生优秀的品质之一,教师一定要加以保护、鼓励和表扬,因为这不仅是一种能力,更是一种宝贵的精神。

学校是学习知识的宝库,希望所有的学生在"博雅"教育的滋润中,快乐学习,未来学有所成,做新时代的建设者。

第七节 博雅教育视野下艺术教育课堂重构的实践与探究

艺术教育在整个育人的过程中发挥着独一无二的作用,它是博雅教育的重要组成部分,占据着重要地位。相对于语文、数学、英语等这些工具学科,艺术教育富载着更多的、更丰富的审美教育、情感教育、思维创新发展、人格发育等教育要素、意义要素、发展要素,对这些要素的深入挖掘、综合开发和有效使用正是我校艺术教育的改革探索方向和实践应用。

一、艺术教育的重要意义:

1. 艺术教育是最好的"浸润式"教育

艺术教育对陶冶学生情操起着重要的作用,它具有潜移默化、润物细无声的教育境界。它通过以音乐和美术为主要表现手法塑造的艺术形象这一媒介,使学生不知不觉进入艺术的世界中,被其构筑的艺术情景所感染,完成一系列感知美、理解美、对话美、欣赏美、表达美、创造美的认知与实践活动,它不生硬,它柔软而充满弹性,它是对学生高尚情操养成的一种最好的"浸润式"教育。

2. 艺术教育是以"审美"为核心的教育

审美意识、审美情怀是一个人高尚人格不可缺失的部分。艺术教育因其属性恰恰承担了"审美"的重要育人任务。审美教育占据艺术教育的核心位置,明辨美丑、以美为评判是非的标准、创造美丽和谐的世界、建设和谐共处的人类社会,审美起着导向、引领、评判、共处、共生的重要作用。认知艺术教育审美的核心作用,我们在塑造学生的精神世界中便会坚定艺术教育改革的实践方向,教给学生什么是美,引导学生以美为荣,追求美,形成美,用"美"为学生的生命成长涂抹健康、结实的底色。

3. 艺术教育是促进人的全面发展的教育

艺术教育是愉悦人心灵的教育。它把人类抽象的思维、复杂的情感,通过艺术的手段进行加工和再创造,呈现出来的是跳动的旋律、丰富的色彩、饱满的线条,是给人艺术熏陶的形象世界,可知、可感、可触摸,还能拨动人的心弦,为之欢呼雀跃,精神振奋。我们的艺术教育尝试引导学生去经历这个由欣赏到创作到体验到与之呼应的过程中去时,创新思维的培养、灵感的迸发、想象力的激发、美好情感的培育等等促进人全面发展的教育土壤应运而生。

二、民族器乐进课堂的实践与探索

随着音乐教学的发展和教学水平的提高,乐器已经越来越多地进入寻常音乐课堂,音乐课堂中的器乐演奏也越发受到师生的重视。民族器乐进课堂不仅可以达到普及中国传统乐器的作用,还可以提高学生学习音乐的兴趣,一改传统音乐教学的弊端,活跃课堂氛围,提高课堂教学效率,有助于提高学生对音乐的理解、表达和创造能力。音乐新课程标准指出:"以音乐审美为核心,培养兴趣爱好,面向全体学生,注重个性发展,重视音乐实践,增强创造意识,弘扬民族音乐,理解多元文化",这就要求学校努力探索音乐课堂教学的新方向,我校从2015年开始尝试在音乐教学中引入小乐器的学习,将民族乐器纳入音乐课堂是其中重要的尝试。

首先,如何选择课堂大众型乐器是第一问题。课堂乐器应易于演奏,便于集中教学使用。葫芦丝、竖笛有着大众认知度高、携带方便、入门相对容易且价格便宜等特点,所以我校选择了葫芦丝、竖笛这两种器乐作为教学使用,并由学校出资统一为学生配备。

其次,学校每年举行器乐推介会,学生根据自己的兴趣来选择喜欢的乐器。上音乐课时,我校以年级为单位根据学生选择使用的乐器重新组班,进行走班上课。器乐进课堂,促使音乐课堂教学必须进行全面改革,在不增加学生负担的情况下,我校音乐教师对整个音乐教材进行重新删减和组合,重新进行内容的编排和改良,恰如其分地融入器乐教学内容。同时,要探究器乐教学的方法,以及与原来音乐教学的整合,既让学生学会一项器乐技能,又让学生更好地学会自主学习,提高学生对音乐的理解和鉴赏水平。

再次,器乐普及最重要的是师资问题。我校拥有一支非常优秀的音乐教师队伍,教师个人音乐素养比较高。同时,在器乐普及的初级阶段,我校还聘请了一些专业教师来校进行教学。我校音乐教师作为助教,一方面配合好专业老师对学生的管理,另一方面也是我校老师进行学习和培训的良好时机。一个阶段之后,主要由我校自己的音乐教师单独授课。这些年下来,我们培养了一批能够胜任器乐普及教学的音乐教师,整个音乐课堂教学呈现出有声有色的发展态势。

通过这几年的乐器进课堂教学,学生越来越喜欢葫芦丝、竖笛这些乐器,越来越积极地演奏展示学习成果。小学器乐学习不能单纯追求技能技巧的操作、训练,更不能以学生演奏器乐的水平高低作为评价的标准,而是要让学生养成自主学习的好习惯。器乐教学的根本目的是通过学习,使学生掌握基本技能,培养他们的审美情趣、能力,提升艺术素养。

在器乐普及的基础上,我校特别重视普及与提高相结合。学生立足实际,打造了两个器乐品牌社团——学校管乐团和民乐团,选拔一些对乐器演奏有爱好、有特长的学生进入这两个社团,助力他们实现自己的艺术追求和梦想。

我校管乐团和民乐团成立于1997年,建团以来,在学校领导及全国各级艺术界专家领导的关怀指导下,两个乐团获得蓬勃发展,极大地丰富了孩子们的校园生活,陶冶了艺术情操。乐团为中央音乐学院、上海音乐学院、天津音乐学院等各级艺术院校输送了大批优秀的管乐和民乐人才。自2000年起,在青岛市人民会堂、青岛音乐厅、青岛大剧院成功举办过19届校园音乐会,享有很高的社会美誉度。我校管乐团和民乐团在全国、省、市、区级中小学生艺术节展演乃至全国器乐大赛中,频获佳绩:自2006年至今,一直蝉联青岛市中小学生艺术节展演器乐类特等奖和一等奖;荣获青岛市"首届管乐大赛"第一名;作为青岛市唯一一支小学入选管乐团参加第29届奥林匹克运动会帆船比赛启动仪式;多次荣获"山东省中小学生艺术展演活动艺术表演类节目"小学组一等奖;荣获"全国第五届中小学生艺术展演活动器乐类"小学一等奖;曾应香港管乐学会邀请赴香港参加"管乐缤纷——香港管乐节"国际文化交流活动。

三、美术学科中的美育实践探索

美育属于人文教育,它的目标是发展完美的人性。蔡元培明确讲过:"美育之目的,在陶冶活泼敏锐之性灵,养成高尚纯洁之人格。"新课标的美育目标是"育人",育人的价值更多突出"个性教育"。鉴于美术学科在美育中占据独一无二的地位,我校遵照博雅育人的目标,在美术学科中开展丰富多彩的美术学科拓展活动,开展美育的实践探索。

美育需要一个人的整体的文化素养作为基础,需要通过直接参与审美活动(包括艺术活动)的实践来培养。我校在各级部大胆尝试了美术学科拓展实践活动。"走近扇子世界 感悟扇文化的魅力""绘制风筝 放飞梦想""多彩圆盘"……一个个特色鲜明的主题,一次次快乐的拓展活动体验,探究美术多元的艺术表现形式,通过教师课堂引领,让学生在开放多元的学习情境中,主动探索,亲身体验,开阔了学生的视野,提高了学生的创造能力,在愉悦的心境中,感悟多种材料创作的艺术魅力,充分感受美来源于生活、从生活中发现美,创造美。

主题一:多彩圆盘

线描、绘画、橡皮泥等艺术表现形式齐聚圆盘之上。瞧,孩子们用巧手制作出了一个个漂亮精美的艺术圆盘。看,多彩圆盘作品展吸引了许多老师和同学,啧啧称赞的同时,为同学们的创意无极限和小巧手点赞!

主题二:绘制风筝放飞梦想

在充分学习和感受色彩的美感后,孩子们亲手绘制了五彩斑斓的风筝,让空白的风筝穿上了美丽的"花衣"。绘制结束,同学们齐聚操场,慢慢放飞手里的风筝,五颜六色的风筝随风飘扬,承载着同学们的梦想。

主题三:走近扇子的世界,感受扇文化的魅力

美术老师经过精心备课,从二年级《小扇子》一课中确定了学科拓展内容与活动,利用传统的绢扇,引导学生了解扇子的历史及文化背景,并尝试在实物绢扇上绘制自己喜欢的图案。孩子们用自己独特的审美意趣,感受美术与生活的密切联系,用巧手绘制出的扇子新颖独特,富有装饰美感。拿起自己创作的小团扇扇一扇,充分体验创作的乐趣和成功的喜悦。

主题四：创意帽子秀秀出最美的自己

在美术老师的指导下，同学们从生活中发现美、创造美，利用生活中的废旧物品：纸卷、纸杯、瓶盖、胶圈等，用巧手制作出一件件极具创意的帽子，有的帽子采用船的外形，意喻着扬帆起航；有的帽子被花瓣围绕，意喻着芬芳的校园生活；有的帽子银光闪闪，灵感来自苗族银饰……高贵典雅、活泼可爱，汇集在博才雅艺创意帽子秀的T型舞台上，他们是那么的自信，那么的耀眼！

主题五：我有一双小巧手

创意美术旨在让学生利用废旧材料合作制做一些手工作品，通过不同材质的搜集、不同创意的碰撞，充分发挥学生的想象力，培养学生的动手实践能力。生活中熟悉的一次性纸杯、纸盘、吸管、光盘五彩缤纷的纽扣和形状各异的贝壳……在孩子们眼中是小乌龟的背、是小刺猬的身体、是自行车的轮子、是女孩身上穿的漂亮裙子……善于观察、乐于动脑的孩子们用这些生活中常见的小物件，设计出自己喜欢的形象，惟妙惟肖。

艺术教育关注生命的塑造，关注人的精神世界，关注人的内心需求，它更注重人与自然、人与社会的关系。它是实现人的终身发展、弹性发展的重要方式。艺术教育最好的路径是实践体验，学生通过身心体验获得的审美情趣，对其一生的成长都具有导向意义。这也是博雅教育要努力达成的目标。

第三章
打造培育学生核心素养的博雅课程

学校课程的开发与实施是使学生在掌握国家课程、地方课程所规定的基础知识和基本技能的同时,引导学生在富有特色的学校课程中得到个性发展的及时补充,开发潜能,使学生在课程的自主选择和个性化知识的掌握过程中形成更广泛的能力,认识学习的价值,促进学生健康、和谐、全面的发展,塑造学生健全的人格,构建博雅人生。

学校课程的开发与实施,有利于学生个性的发展,有利于提高教师的专业素养,有利于学校特色的形成。我校将学校课程定位为"博雅课程",是基于"回归教育原点,顺应儿童天性"设计课程的学校课程理念,将建设学校课程视为确定学校办学理念文化的过程。我们清楚地认识到,构建具有鲜明特色的学校课程,是学校实施博雅教育的有效支撑,是实现培养"胸怀博大、志趣高雅"的博雅学子的主要途径。

在进行课程建设中,应转向以学习者为中心、以学生发展为本的方向。近年来,我校致力于博雅课程的实践和探索,指出塑造具有广博知识、独立人格、自由心灵的人。在这种价值体系的指引下,我校进行了博雅课程体系的建设和研究。博雅课程旨在通过行动研究构建出主轴式校本课程——博课程系列和雅课程系列,形成两大序列、三种课程模式、五个课程群的博雅课程体系。围绕博雅教育内涵,博雅课程进一步明晰了研究路径,确定每个系列分别从国家课程的二次开发和学校自主研发两个路径来推进,以学生成长为本,构建以学习者为中心的博雅课程,促进师生可持续发展。

第一节 博雅课程开发计划及实施方案

一、博雅课程开发的指导思想

为了认真贯彻落实《国务院关于基础教育改革与发展的决定》(教基〔2001〕19号)精神,按照《基础教育课程改革纲要(试行)》提出的目标、要求,结合我校的本土教育资源,围绕学校办学理念和发展规划,以课程研究为契机,更新教育观念,优化教育环境,提升学校文化品位,全面提高教育教学质量。

二、博雅课程开发的远景规划

博雅课程旨在通过行动研究构建出具有创新价值的博雅教育课程体系,打造博雅教育办学特色。博雅课程的开发把学生的成长作为第一要素,丰富学校教育内涵,促进全校师生可持续发展。

1. 丰富课程内容,培养学生健全人格

学校课程是真正贴近儿童需要的、提供丰富选择的、满足学生多样化发展的课程。为认真贯彻《国家中长期教育改革和发展规划纲要》精神,遵循教育规律,丰富学校课程资源,提高课程建设质量,围绕博雅人才培养目标,充分关注学生多元发展需求,在"回归教育原点,顺应儿童天性"的课程理念的指导下,学校整合校内外资源,丰富课程内容,满足学生培养的个性化、复合化、融通化的要求,彰显开放式、个性化的办学理念。

2. 丰厚教师素养,提高课程建设能力

学校课程的建设,为教师教学能力提升和专业发展提供了有效平台和良好载体,同时,教师的专业发展,又为课程建设提供了良好的保障,相互促进,共同提高。以学校课程研究为载体和平台不断挖掘课程潜力,扩大课程影响力。学校将通过"案例分享""专家对话""解惑课程新思路"等相关课程推进活动,以"请进来、走出去"内外联动的培训方式,提升教师课程素养,以课程建设推动教学工作的内源性发展,不断增强教师课程建设能力。

3. 丰实课程设置,提升学校办学品质

在既往开设的学校课程的基础上,学校将逐步厘清、重新组建博雅课程体系,梳理、总结为基础课程、拓展课程、链接课程的三维主轴式课程框架,从而让三级课程成为互为支持、互为补充、相互铺垫、各有侧重的有机整体,使学校课程在课堂实施中不断增值、不断丰富、不断完善,提升整体办学的核心竞争力,提升学校办学品质,进一步加快学校教育的现代化进程。初步架构博雅课程体系,着力凸现博雅教育文化。

三、博雅课程开发方案的设计

(一)创新构建学校的课程结构

基础课程立足学校办学理念,把"知博行雅"作为课程目标,形成以培养学生素养气质为目标的课程,涵盖德育类、智育类、体育类、美育类。包括"黑白围棋""我爱游泳""魅力体育""管乐之声""丝竹悠扬"等课程。

拓展课程立足学生自身的年龄特点和兴趣爱好,根据学生面向生活、面向社会、发展特长的需要,以年级为单位开设课程,涵盖知识拓展类、特长培养类、课题研究类、项目实践类、体验感悟类。包括"合课程""游学课程""光影童年""小牛顿""创课程"等课程。

链接课程将三级课程当中内容相同、重合或相通的部分提炼出来,实施三级课程联动授课策略,通过各学科教师共同开展组本跨学科教研,有效补充学科教学的不足,探索减负、高效、提质的课程。包括"百年台六""亲近母语 快乐识字""小巴掌童话""博雅阅读""诵读与写字""晨间英语""拓展数学"等课程。

(二)创新开发多种课程模式

1. 分科课程模式

我们从学生的实际需求出发,盘活各种资源,创造性地开发与学科教学有关的学校课程,开设"魅力体育""我爱游泳""黑白围棋""管乐之声""小牛顿"等课程,"管乐之声"等课程将配备有此项专长的教师担任任课教师,"魅力体育""我爱游泳""黑白围棋""小牛顿"等课程则外聘专职教师和教练担任教学工作,突出学科的专业化。

2. 综合课程模式

关注课程融合,超越不同知识体系,以围绕同一主题的方式来开展课程的开发计划,通过整合课程,减少知识的割裂和学科间的分隔,把受教育者所需要的不同的知识体系一联结起来的目的。如学校将开发创设的"合课程",六个年级组每学期围绕一个主题,把不同学科教学、课程内容、探究性学习、社会实践等多个领域重组融合,形成特色整合课程。

3. 创新课程模式

课程创新模式是根据学生的学习需要以及学科教学规律对学校课程的目标、内容选择、内容组织和教学方式的修改、补充和调整。如链接课程中的"博雅阅读",就是以语文课文为主体,针对学生课堂阅读中的有效拓展,通过补充阅读内容、拓展题材、学习方法等,精心挑选了中外优秀诗歌、散文、小说、科普故事、历史故事等内容编辑成书,这些作品充满语言的魅力,散发着文学的气息,折射着思想的力量。链接语文课堂的海量阅读,培养学生高雅的阅读情怀,良好的阅读素养。

4. 选择课程模式

由于学校课程课时少,课程开发多元的矛盾,在学校课程的时间安排上,我们采取定时与不定时相结合,实行自主选择,定点走班课程管理模式,以保障课程实施的有效性。拓展课程中的"合课程""小牛顿"等课程则整合综合实践及道德与法治学科的部分课时固定时间授课。基础课程中的德育类和美育类等课程结合学校的活动,采取动态的时间,走班制授课,并结合学生平日的行为习惯养成教育进行综合评价。

四、博雅课程开发的组织实施

1. 完善学校课程的管理制度

规范有效的课程管理是学校课程实施的重要保障,学校对照《山东省普通中小学管理规范》规定及市区教体局关于"课程建设"的相关要求,针对目前自身课程实施上存在的薄弱环节进一步修订和完善现行的规章制度、管理规范及各项管理措施等,分别修订《学校课程开发与实施办法》《学校课程管理制度》《学校课程使用计划、考核办法》《地方与学校课程评价方案》《综合实践活动评价方案》等制度,使学校的课程管理充分体现人性化、规范化、科学化。

2. 建立学校课程的组织运行系统

开发和实施学校课程,既有决策问题,又有执行问题,必须明确和理顺两者关系,建立有效的组织网络,强化层级管理,进行明确的职责分工,保障学校课程管理的顺利进行。

校长——课程管理一级负责人。引导全员共同制定学校课程文化核心价值,宏观规划整体课程;健全课程开发组织,监控课程实施过程。

副校长——课程管理二级责任人。制定学校课程方案,具体细化目标,组织落实方案和实施流程,监控课程实施过程,创新特色课程,总结管理经验。

学术委员会——课程管理三级责任人。结合市、区课改精神,指导教师制定课程教学计划;统筹协调课程实施,引领课程组组开发自己独有的校本教材,创造性地实践,总结反思经验。

课程组长——课程管理四级责任人。指导组内教师制定教学计划,有计划地开展教研活动,提升本组教师课堂教学改革、课程实施的教学能力。

教师——课程管理五级责任人。根据课程方案,通览学段教材;参照课程标准,拟订学期教学计划;整合课程资源,充实课程内容,提炼教学经验,评价课程效能。

3. 提升学校课程的教师实施技能

集中研训——每学期期初学校要召开"学校课程反思推进讨论会",重新审视学校课程开发的意义,将学校面临的现实问题抛出,引起教师群体的高度重视和深度思考;学期中开好"学校课程典型引路会",以级部为单位,交流前期学校课程实施过程中的定性做法和有效经验,推出学校课程的成功课例,为同年级同学科教师提供示范。学期末,教师在个体研究和群体研究的交融中走进课程教学研究,通过召开学校"课程成果阶段展示会"等活动,推进博雅课程的研究,使全体教师在参与过程中更新教育观念,探索教学规律,挖掘教学资源,提升课程素养。

常态教研——学校将课程培训、课程研发、课程技能引入常态教研,将课程与教师的学习、研究、工作、发展有机融合。利用周二的校本研修日,有计划地组织开展学校课程专项技能培训;利用校园网建设课程学习交流平台,组织教师学习《地方与学校课程纲要》《学校课程的设计与实施》等内容,让教师成为学校课程真正的引导者、组织者、参与者、领导者、协调者和评价者。

内外联动——为不断开拓教师的研究视野,学校还将采取"走出去、请进来"的办法,全方位提升教师的专业素养。组织教师到课程开发经验丰富的先进地市学习观摩,邀请课程研究专家来学校对教师进行培训,对学校课程教材的编写提出指导性的意见和建议等,不断增长教师的学习力和研究力,提高课程实施技能。

五、博雅课程开发的效果评价

学校课程的评价内容以目标为依据,特别强调评价学生的学习过程,包括学习态度的表现与学习方法的运用,评价学生在参与拓展型、探究型实践活动中所获得的感悟体验,评价学生发现问题、提出问题和解决问题的能力,以及表达个人见解突破创新的能力。学校进一步加强课程建设的评价研究,在学生层面进行优秀学习成果展评活动、实施8+2多元智能评价、召开课程专场评价会,在教师层面的"精品课例认证""优秀学校课程""特色班级""卷宗式评价"的基础上,加大对学生参与课程的更为多元的评价,加大对教师参与课程开发、实施的奖励评价,从而最大效能的实现教师与学生的双赢。

第二节　博雅课程总体构架及实践研究

我校一直致力于打造博雅教育品牌,关注人的全面发展,着力学生关键能力、核心素养的全面提升。习主席在北京大学师生座谈会上提出"为谁培养人,培养什么样的人,怎样培养人"这一教育的根本问题,学校深刻领会蕴含其中的新时代教育思想,结合本校特色,以立德树人为根本,凝练了"胸怀博大、志趣高雅"的博雅育人目标,确立了研究课题《基于学校博雅教育特色的校本课程构建与实践的研究》。依托这一课题,不断深化学校办学特色,培养"博雅特质"的台六学子。

一、课题主要进展

1. 规范管理——保障课题顺利开展

学校课程开发的过程,既是一个自上而下赋权增能的过程,也是一个自下而上自主创新的过程。学校依据课题的开展内容,实施层级分组管理,分为"课程管理组""课程实施组""规范督导组",抓好课程理念、开发、实施、评价各环节的管理,落实责任分工,确保了管理的有效性。

2. 制定方案——规划课程开发实施

依据教育部《关于全面深化课程改革落实立德树人根本任务的意见》(教基二〔2014〕4号)等,结合学校实际,制定了《学校博雅课程开发计划及实施方案》。坚持系统设计,整体规划育人各个环节的改革,整合利用各种资源,统筹协调各方力量,实现全科育人、全程育人、全员育人。坚持重点突破,聚焦课程改革的关键领域和主要环节,针对制约课程改革的障碍,集中攻关,重点推进。坚持继承创新,注重课程改革的连续性和可持续性,适应新时期教育发展的新要求,积极开拓,大胆实践。

3. 初步构建——形成"博雅"课程体系

我校立足学生核心素养,基于天性、关乎发展、思虑未来,本着"回归教育原点,顺应儿童天性做课程"这一理念,构建了适合学生整体、多元发展的课程体系,切实培养全面和谐发展,具有"博雅特质"的台六学子。

4. 引领研讨——促课题研究全面开展

一年来,学校邀请各级课程专家从宏观上引领、点拨、指导、反馈,推进课题扎实进行。1月召开了"课题开题现场会",与会专家及领导对报告给予了高度的评价,也对学校课程体系构建给予了专业的指导和中肯的建议。3月召开了"课题反思推进会",课程团队审视学校课程开发的意义,研讨解决课程推进中遇到的困惑,引发深度思考。5月的"课程阶段成果展示会"呈现了学校课程建设的精彩成果,形成了良好的课程建设氛围。11月举行"课题中期总结会"由五大课程群课题组长进行了总结报告,同时反思梳理下一阶段研究工作。

二、课题研究内容

1. 重整课程结构

围绕"博雅教育"内涵,对学校课程框架进行了调整,将原有的三维课程框架,调整为"二、三、五"博雅课程体系,即"博课程""雅课程"两大课程系列,"基础课程""拓展课程""链接课程"三种课程模式,"体健""知博""心博""行雅""情雅"五大课程群。同时,进一步明晰了研究路径,决定每个系列分别从国家课程的二次开发和学校自主研发两个路径来推进,依据每一个课程目标从两个路径研发的课程都归于一个课程群。

博课程系列:课程目标重在体健、知博、心博。培养学生具有健康的身心,广博的知识,博大的胸怀。因此,我们依据"体质优良、心理健康"的体健课程目标,设计开发了"耀武扬威""飞扬空竹""安全自护""心灵SPA"等9门课程,形成一个完整的课程群;知博课程群体现"博览群书、广爱生活",开设了"博雅阅读""诗心飞扬""花开时节""晨间英语""小巴掌童话""拓展数学"等10门课程;心博课程群体现"心胸博大、胸怀天下"的目标,所以我们把重点打造的"合课程""创课程""小牛顿""玩转青岛"等7门课程纳入其中。

雅课程系列：课程目标重在行雅、情雅。培养学生具有高尚的情操、端正的品行，优雅的品位。因此，在行雅课程群中，我们开发了"光影童年""我爱游泳""红色印记""礼仪课程""军训课程"等6门课程，重点培养学生"美德美行、举止高雅"。在情雅课程群中，我们着力塑造学生"情趣高雅、志趣高远"，因此设计了"丝竹悠扬""快乐军鼓""巧制版画""走近皮影""管乐之声""黑白围棋"等9门课程。

由此，两大系列、三种模式、五大课程群的博雅课程框架基本确立。（见图3-1）

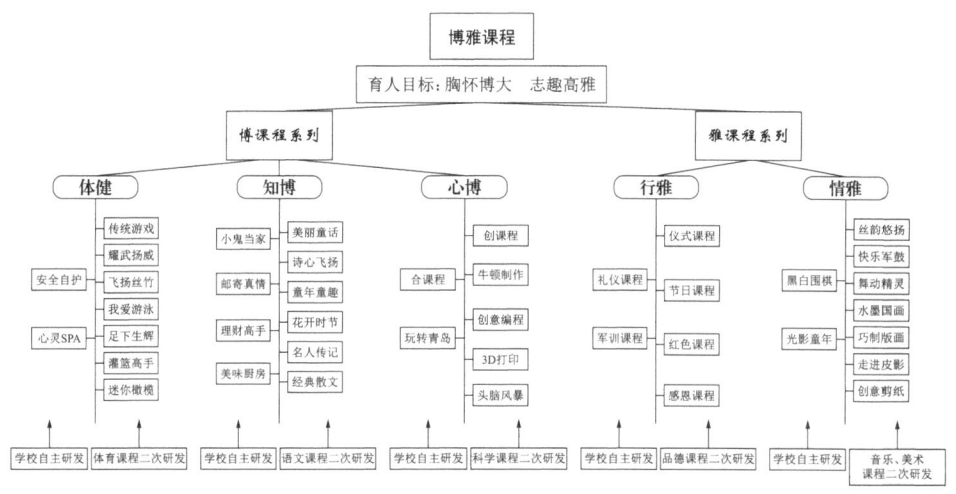

图 3-1　博雅课程

2. 拓展课程模式

（1）课程创新模式。课程创新模式是指创造性地开发全新的课程或者课程单元，是校本化程度最高的一种课程开发模式，以此充分体现学校的课程特色。

学校主要在表现类学科中进行课程创新模式探索。按照技能迁移的原理，在音乐、体育、美术等表现类学科中选择相关技能，按照课程单元的形式进行编创，力图通过专项技能的学习，使学生达到"举一反三""触类旁通"的目的。为此，学校在音乐学科中开发"丝竹悠扬""舞动精灵"等课程，在体育学科中开发"足下生辉""灌篮高手"等课程，在美术学科中开发"水墨国画""创意剪纸"等课程。

（2）课程整合模式。课程整合是围绕同一主题,超越不同学科知识体系,把相关课程资源有机结合,以关注共同要素的方式来安排学习的课程开发活动,分为嵌入式整合、缝合式整合和拓展式整合。

① 嵌入式整合：即在一门学科内,打破原有学科内容的局限,嵌入一些其他相关的学科内容来补充整合,满足学生综合学习的需求。如《语文单元主题》课程,嵌入与单元主题相关相近的内容,采用三种课型——"精读课""悦读课""文学创课",省出更多课时让孩子进行海量阅读并开展演讲与口才、戏剧表演等,体现"语用阅读"视野下的创造性再生,提升语文综合素养。

② 缝合式整合：为了实现知识的融合,文理贯通,整合多个学科时我们关注学科之间的边缘处和交叉处,以统一的主题连接不同学科,实现了缝合式整合。如学校自主研发校本课程"合课程",打通学科连接,多个学科老师同上一个主题课,三年级以"青岛的万国建筑"为统一的主题连接各个学科,进行缝合式整合,语文老师借助范文讲解描写建筑的观察顺序、表达方法；数学老师则讲解几何图形在建筑中的应用；美术老师以美学的角度从建筑风格、类别以及青岛八大关建筑特色对孩子进行讲解；还邀请青岛理工大学建筑学院研究员走进课堂为孩子授课。各种举措以引导学生从多个角度多个层面思考问题,培养综合能力。

③ 拓展式整合：为了给学生提供综合的、多元的学习空间,课题组拓展整合课程资源,实现学习环境从校内到校外的拓展,学科知识从课内到课外的拓展。还以三年级"合课程"为例,在经过了整合学习后,孩子们进入实践体验的拓展学习环节中,从天主教堂到八大关万国建筑群,领略万国建筑的风采；二年级研究的"海洋动物",从极地海洋世界到海底世界,最后走进滨海学院的贝壳博物馆,孩子们近距离观察感受,眼界大开；四年级的"领略海防风采"从海军博物馆到登上"海巡11轮",民族自豪感油然而生……学生将所学知识与实际生活发生链接,真正实现从"三味书屋"到"百草园"。

（3）课程调适模式。课程调试模式是根据学生的学习需要以及学科教学规律,对课程目标、内容、教学方式进行调适和调整,使其更具有适切性。

① 课程目标的调适：针对国家课程提出的基本要求,结合学校和学生发展实际,对于课程目标的维度、难易等进行适切的调整,以适应学生实际发展水平。

② 课程内容的调适:分析课程内容是否偏难,教材的内容安排、呈现方式等是否符合学生的接受能力、生活经验等,针对这些问题进行课程内容的调整、改编和补充,以适应学生的兴趣和发展需要。

③ 课程方法的调适:分析教学方法、教学组织形式、教学手段安排等是否符合教学目标和教学内容,是否符合学生的发展规律和特点等问题,进行相应的调适和调整。

3. 弹性安排课时

实施弹性课时制度,套排课表、菜单课程。科学合理安排课时比例,长短课时制结合,灵活安排日、周、月课表。按照微型课(15分钟)、小课时(30分钟)、中课时(40分钟)和大课时(60分钟、90分钟)等不同时间长度,打破传统的固定化课时制度。

三、研究成效

1. 促进了学生个性发展

学生们在课程中提升核心素养,培养综合能力,参与国家、省市各类比赛,捷报频传。管乐团参加全国、省器乐比赛屡获一等奖,近600名学生参加各类考级、比赛获奖;学生参加省市游泳比赛夺得50余块金牌;围棋课程的学习让30余位学生在全国、省级比赛中获奖;200余人参加省市科技、美术、体育等各级比赛中获得佳绩。

比起取得的成绩,我们更愿意看到孩子们在课程中热情地参与,看到所有孩子在课程中受益。"博雅阅读"让孩子们爱上了阅读,从每一季学校诗词大会的精彩表现,到著名作家进校园时的自信交流,无不流露出孩子们对读书的热爱;"迷你橄榄""我爱游泳""灌篮高手"激发了孩子们的运动热情,运动在校园里无处不在;"水墨国画""头脑风暴""光影童年"多个课程场场爆满,精彩无限;池塘边,柳树下,孩子们三五成群地吹奏着悠扬的葫芦丝乐曲……这一切让我们对课程推进充满信心。

2. 促进了教师专业化发展

课程开发与实施的推进过程,也是教师专业发展迅速提升的过程,课程规划、教学实施、综合评价能力日渐深厚,整个教师团队迅速成长。近两年来,有20余人获得各级荣誉称号,其中,1人被评为"齐鲁名校长"建设工程人选,1人被评为"山东省优秀教师",2人被评为"青岛市学科带头人",3人被评为"青岛市教学能手",40余人次在省区市优质课评选、教学研讨会等活动中登台亮相;9位教师的区级课题结题或立项。

3. 促进了学校特色发展

学校用课程涵养师生情性,用课程激活师生创造力,办学品位和核心竞争力明显提升。学校先后被评为"全国生态文明示范学校""山东省文明单位""青岛市文明校园""课外教育示范学校"等称号。

自主研发的学校课程"合课程"和"创课程"双双被评为青岛市首届精品课程,我校也成为全市中小学中唯一一家两课程入选的学校。"合课程"先后在青岛市和市北区的课程会议上做典型介绍,并在《小学教学研究》杂志上发表。学校举行青岛市"创课程"现场会,得到省科学教研员的高度评价,同时在山东省和青岛市科学教研会上进行大会交流。

四、主要创新点

1. 引入优质社会资源

根据学生需求和课程需要,学校引进优质社会资源进入师资建设,先后聘请高等院校专家教授、社会志愿者、家长义工、社区指导员等到校授课。同时,学校与专业乐团、俱乐部、协会合作,审查资质,签订合同,让专业教练进课堂。如《丝竹悠扬》聘请器乐专家进行葫芦丝的演奏指导;"合课程"邀请"海巡11轮"舰艇上的海警为学生讲解海防知识;"迷你橄榄""飞扬空竹""足下生辉"等课程引进众力足球俱乐部、新兴游泳馆、空竹协会等专业机构的教练到校上课。课题督导组对外聘教师进行全面督导、评价、考核,本校教师协同管理。

2. 开发网络教研平台

学校加强课程教研,在集中研讨的基础上,为满足教师即时教研的需求,学校专门开发了"博雅课程"网络直播教研平台,以"线上批注 + 线下峰会""智慧共享 + 个性修改""多元交响 + 留痕对比"的网络教研模式促学科融合,打破学科壁垒,将知识有机串联,教师教研方式也由单一学科转变为多学科联动。主备教师在平台上传教案,其他同学科、跨学科教师受到邀请参与协同备课,发表教学修改意见,上传本课优质资源等等,融合教研落地生根。

五、存在问题及困难

本课题研究虽然取得一定成绩,但是以反思的视角回顾总结课题研究的进程及其成果,仍然有不满意的地方。

在研究内容上,提出了问题,但尚未全部深入进去,理性分析不够;扎根理论的总结、归纳上比较薄弱。同时,对子课题研究成果的系统整合研究有待进一步加强。

六、下一步工作重点与研究方向

反思近一年来走过的研究历程,我们深深地感受到教师在研究中成长。同时,也发现有许多的问题需要我们下一步去解决和完善。

第一,有些课程只做了简单的梳理,各层面的递进性不强,课程目标达成上还不完善。如"光影童年"课程目前只局限开展学生观影的初级阶段;"创课程"需要继续加强项目创新和学生能力创新;"美味厨房""理财高手"等课程的目标要更贴近生活,在培养孩子自理能力的同时,培养动手能力与探究精神。

第二,个别课程研究主题没有形成序列,出现断层现象,使得学生研究没有形成体系,研究深度、广度不足。如"合课程"每个年级的主题和课型深受学生喜欢,但是统观全校我们发现1~6年级体现青岛本地特色的研究主题还不够凸显,没有形成序列,后期课题组还需对课程内容进一步提炼删减、补充完善。

第三,教师科研能力参差不齐。课题督导组要进一步从学会课程决策、课程规划、课程设计、课程评价等多个层面对教师进行培训,提高教师科研水平。

第三节　运用课程图谱诠释课程内涵

"合课程"是 STEAM 类的融合型课程,已经进行了6年的实践探索。课程团队一路前行,做了些许思考和实践,取得了一些成绩:"合课程"荣获市北区精品课程、青岛市精品课程。全国多家媒体进行了报道和刊发,在2016年"青岛市小学课程与教学工作"会议上作为典型材料进行了交流,在"市北区推进精品课程建设研讨会"上作"TED演讲"及课例展示。

在取得成绩的同时课程团队不断反思:课程结构怎样从浅水区走向深水

区？课程设计如何进一步提升和发展？课程板块怎样才能更加清晰、明确？

2019年秋天,在课程团队重新梳理课程规划时发现"课程图谱"的构建能解决课程规划"是什么""为什么"的问题,以"看得见"的方式进行课程分析、展示、联动、分享、提升,促进课程建设的系统性和规范化发展。

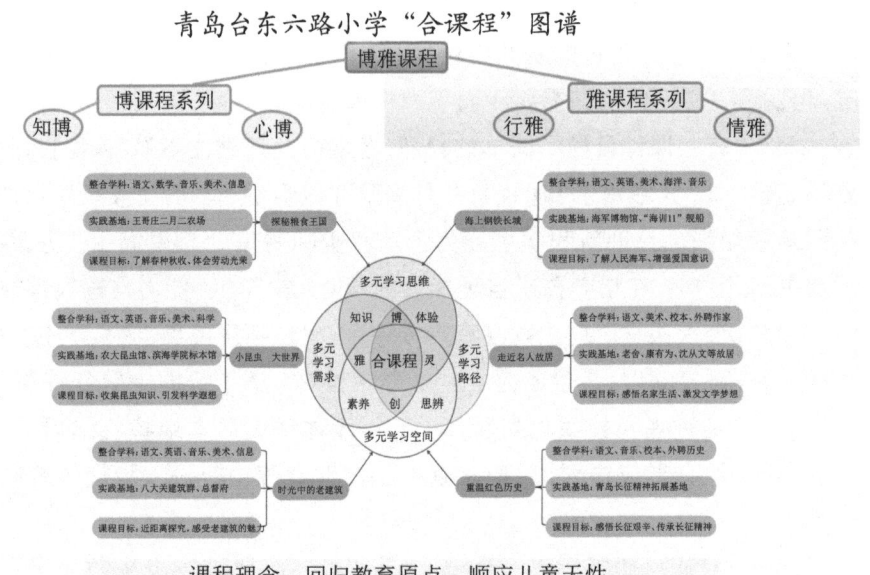

图 3-2 "合课程"图谱

一、"合课程"图谱构建的依据

追本溯源,"合"课程图谱构建的依据一是学校"博雅课程"课程体系。"博,大通也。"《说文》中即宽广、广博之意。"雅者,正也。"《诗经·毛诗序》中,"雅"被视为一种修养或美德,处世哲学和人生修养。我校以培养"胸怀博大、志趣高雅"的博雅学子为育人目标,贯穿国家课程二次研发和学校自主研发两条主线,建立主轴式校本课程——博课程系列、雅课程系列,博课程系列分为体健、知博、心博三个课程群。培养学生具有广博的知识,丰厚的人文底蕴,博大的胸怀和健康的体魄。学校自主研发,以关注学生综合素养提升的跨学科课程"合课程"纳入心博课程系列中。

"合课程"图谱构建的依据二是遵循"回归教育原点,顺应儿童天性"的学校课程理念。以学生发展为原点做课程,充分关注学生多维度学习的发展需求,给学生提供多元学习路径,从统整课程结构、改革教学方式、探索课程评价等方面,进行改革创新,使课程结构从随意走向规范,课程设计从模糊走向明确,重塑课程文化,提升课程品质。

二、"合课程"图谱诠释

"合课程"是跨学科的融合课程,"合课程"图谱的主体运用数学学科表示集合概念的维恩图,呈现出跨学科之美。

融合维恩图的特点,契合"合课程""生本、融合、多元、开放、创意"的课程元素,形成了"合课程"的图谱。

图谱最上方呈现的是"合课程"在学校博雅课程体系中的位置,"合课程"从属于心博课程系列,为学校特色课程发展注入活力。

图谱左右两边是"合课程"的六大主题序列:"探秘粮食王国""小昆虫 大世界""时光中的老建筑""海上钢铁长城""走近名人故居""重温红色历史",呈现了融合学科、实践基地、课程目标三项内容,将"合课程"学科内整合、跨学科整合、超学科整合的实施策略跃然纸上。

例如本学期课程的着力点,就是在"博雅课程"顶层设计名师工作室的引领下,扎实推进课程的具体实施,真正实现师生的生命成长。此次"合课程"以海洋人文序列主题课程为载体,把数学、英语、美术、信息、海洋等学科教学,学校教育活动和社会实践结合起来,形成一种全方位、多视角的海洋人文教育顶层设计和实施路径。

四年级的同学们在经历了课堂学习之后,实地探访中华人民共和国水准零点。让学生经历在直线上测绘,体会数学知识中正负数的排列规律问题,明确数轴三要素即原点、正方向、单位长度。能把数轴上的点和相应的正数、零、负数建立一一对应关系。通过名师引领,"合课程"的现场指导教学,切实开阔视野,增长见识。

图谱的中央是维恩图,维恩图里的关键词都是在"合课程"里学生提升核心素养的路径和目标,它们交叉融合,联动共享,体现了"合课程"以生为原点的理念。如每一个课程内容都是立足于学生的多元学习需求,为学生打造多元学习路径,培养多元学习思维,从而拓展多元学习空间。这个过程中学生通过学习知识,亲身体验,运用思辨性思维解决问题,提升了核心素养。"合课程"最终指向培养"胸怀博大、志趣高雅、活泼灵动、创意思维"的博雅学子。

再如作为承办上合峰会的青岛市小公民,五、六年级的学生选择从另一个视角走近上合,感受上合人文精神,拓宽国际视野。同学们在课堂上了解上合成员国,学习用英语描述国家的位置,各国国旗以及在地球的大体方位,能将各国家的名字表达准确、完整。然后实地探访迎宾大厅、双边会议厅、齐鲁厅、泰山厅等主要会客地点,名师指导用英文对参观场地进行简单的描述。打破常规英语教学,拓展思维,丰富知识,学生们兴趣盎然。

图谱的最下面展示的是我校课程开发的理念,"合课程"博众家之长,合众人之力,就是为了"回归教育原点,顺应儿童天性","合课程"图谱的构建正是顺应儿童身心发展规律,从教育原"合课程"点出发的一次探索。

三、"合课程"图谱实施效果

1. 提升学校课程着力点

每学年的开学第二周,学校都要做接力式反思课程教研活动,每个原先课程研发的负责人借助课程图谱反思自己团队既往的课程实践体会,与本届课程研发的教师交流自己课程实践时的得与失,以便于做新学期的课程规划,如五年级"合课程"的主题是"走近名人故居",从课程图谱中可以看出原先课程团队根据苏教版教材的编排特点在课程中实施"1+3"主题式单元整合策略,补充相关的阅读篇目及课内外实践活动,引导学生从历史与文化多维角度,了解青岛在上世纪三四十年代的文化繁荣,激发学生的文学梦想和用文化建设青岛的责任意识。课程团队指出2019年9月全面启用了部编版教材,面对变化应及时作出调整,根据新教材特点,对单元整合课程找准着力点,课程图谱的重新规划使"合课程"体系形成良性循环的主题库,各年段的课程主题不再交叉、不再重复,层层递进。图谱的建立提升了学校对课程管理的针对性和有效性。

2. 提升教师课程执行力

"合课程"团队首先将本年级各学科教材通盘考量,确定各年级"合课程"主题,连接相通的课程内容,实施化零为整的课程图谱建构;其次各年段教师根据图谱中"合课程"的主题内容,集合语文、数学、音乐、美术、地方课程、综合实践等多学科进行跨学科教研,研讨、确定各学科在"合课程"课题下的课程内容、课程进度、课程策略、课时数,也就是解决在整合课题中教什么、怎么教、在什么时间教等问题。同时,透过课程图谱老师们不仅看到自己应完成的学科任务,还树立了课程大局观,明晰本学科在"合课程"课程链中的课程定位、推动各课程递进、有效课程协作。课程图谱的使用解决了课程实施中的困惑,不断增强教师们进行课程开发研究的能力。

3. 提升学生课程参与度

课程图谱的呈现使学生、家长对课程内容、课程目标、课程体系了然于胸,便于他们积极参与到课程中来。如在学校召开的校务委员会上,我们的学生委员就提出他最喜欢的课程就是"合课程",但是一个主题要融合那么多门学科,会不会占用其他学科的时间?他的问题很有课程价值,引发课程团队的思考。"合课程"的课时类型完全可以突破四十分钟一堂课的传统理念,将长课、短课、大课、小课按需分配,交错进行。我们利用大课进行《快乐影院》的影片欣赏和影评;在长课中可以让学生进行观察、合作、研究等探究类课程;利用清晨、午间、课前10分钟上短课,进行小组汇报、展示活动;另外,学校还为不同兴趣点的孩子们安排了小课,学生可以自由结合,分组进行自己感兴趣的课题研究,老师们可以深入小组细致指导,实现学习自主化学习、个性化探索。

第四节　博雅课程精品案例:打造跨学科教育的融合性课程——"合课程"

课程整合并不是"新发明",国外关于课程整合模式的研究已经比较成熟,美国教育家杜威、现代课程理论之父泰勒都对此有过研究,他们主张学校课程应该以儿童的生活为中心,组织综合性的课程,这种课程绝不是体系割裂的分科课程。我国目前对课程整合的相关研究也呈现增多的趋势,新一轮的《基础教育课程改革纲要》中指出:"要改变课程结构过于强调学科本位、科目过多和缺乏整合的现状,重视课程的'开放性''综合性'。"

近年来,我校以大教育观为统领,为了培养学生胸怀世界、放眼未来的大视野、大境界,创新课程模式,破茧成蝶,探索和打造跨学科教育的课程,开发了"合课程"学校课程。

"合课程"是学校课程研发团队突破课堂固有模式,打破学科分割形式,尝试在同一级部围绕一个主题,调整课堂学时,拓展学习空间,进行学科整合的再造课程。通过内外联通,长短交错,虚实结合的整合策略,提高学生的人文素养和综合能力。

一、学科内整合,提供多元学习路径——柳暗花明又一村

在单一学科内整合同主题的相关联的内容,通过删减、融合、增补、重组,为学生提供丰富多彩的学习路径,助力学生的成长。针对语文学科现行教材单元组选文主题不统一、阅读训练项目分散等问题,我校实施"1+3单元主题式教材整合"策略,即一个单元整合一个主题。集中骨干教师的力量,融合人教版、苏教版、北师大版等教材的优秀选文,凸显教材单元主题的结构功能。同时,课时类型也有较大改变,突破四十分钟一堂课的传统理念,将长课、短课、大课、小课按需分配,交错进行。

如五年级开展了在语文学科内的"走近名人"合课程,以教材中萧红的《我和祖父的园子》为探究点、拓展点,利用优师引领学生上大课,赏读萧红的经典之作《呼兰河传》部分章节,将课内与课外融会贯通,感受萧红独树一帜的语言风格,以及文字深处对童年的纪念。老师们还借助学校课程"光影童年",各班上小课完整观看影片《骆驼祥子》,以光影的形式走近老舍。语文老师还引领学生以《名人笔下的青岛》为主题开展语文实践活动,老师们带领学生到青岛的文化名人故居参观,实地感受文化的浸润。

在不断摸索中,我们整合教材内容,确立主题阅读,针对一个统一的单元主题,设立了三种课型结构:其一"精读课"即改变单元内教材全部精讲的做法,选取1~2篇典型课文用来精讲、精读,重在传授读书方法;其二"悦读课"即缩减剩余课文的学习课时,针对主题放手让学生海量阅读,重在自悟自得;其三"小创课",节省下来的课时根据单元阅读的训练主题,开设文学创作(诗歌、散文、小说……)、演讲与口才、戏剧表演等体现"语用阅读"视野下的创造性再生课程。如六年级上册第三单元,我们确立了"轻松读名著"这个阅读主题:

表3-1 六年级1+3单元主题阅读计划(第三单元)

课程分类	课程设置	教学目标
精读课	《一本男孩子必读的书》+《鲁滨孙漂流记》选段1:《从绝望到希望》+《鲁滨孙漂流记》选段2:《解救"星期五"》	激发学生阅读长篇小说的兴趣,通过片段1体会鲁滨孙乐天坚强的精神、通过片段2感受语言文字塑造出的紧张氛围并能提炼写法

(续表)

课程分类	课程设置	教学目标
悦读课	《轮椅上的霍金》+《万物理论》电影片段+《时间简史》开篇选段	认识霍金,通过对《时间简史》选段的阅读,引发学生对宇宙、时间、物理学的思考,培养学生的逻辑思维能力,激发学生阅读科学类书籍的兴趣
	《小草和大树》+《简·爱》选段	扩大阅读量和阅读速度,能够快速地浏览文章,能够在小组交流讨论中表达自己对主人公简·爱(或罗彻斯特、英格拉姆小姐等)的看法,表达喜爱、憎恶、崇敬、同情等感受
	名著推荐选读《鲁滨孙漂流记》(必读)、《简·爱》《老人与海》《城南旧事》	根据兴趣选择不同类型名著,充分利用早午自习及阅读课时间完成整本书的长篇阅读
小创课	A组:戏剧表演 B组:深度阅读后的话题讨论 C组:读书报告/读后感 D组:名著推介	深化对名著的理解并在教师的具体指导下进行多种形式的再创造

二、跨学科整合,培养多元学习思维

以统一的主题在多个学科之间进行并联或串联,使学科间连通化成长,取长补短,相互补充,相互促进。

如四年级"合课程"的主题是"海上钢铁长城",进行海防与海事的研究。首先数学老师带领学生计算我国海岸线的长度,通过一番运算,孩子们真切地感受到海防任务的艰巨性和复杂性;接着再到海洋课上学习《蓝色国土》的有关知识;然后在语文课上观看影片《甲午风云》《钓鱼岛真相》,同学们在失败的教训中反思历史,在成功的经验中汲取力量,充分认识到保卫祖国海疆的重要性;音乐老师带领学生学唱军旅歌曲,表达对海军的赞美之情;接下来,学校外请的海军军官给孩子们讲述我国海军的发展历史及现代人民海军的建设成就,学生的自豪感油然而生;最后,老师带领同学们到青岛市海洋科普教育基地、海军博物馆、青岛海事局等地方参观,进一步激发了学生的保卫海疆,建设祖国的爱国热情。

跨学科整合教学挑战最大的是教师,他们既要跨学科教研,也要跨领域研究。跨学科整合教学对知识的广度和深度进行了拓展和加深,因此对教师提出了更高的要求,单凭教师个体很难完成多学科的有效整合。因此,不同学科的老师及学校外聘的专家组成跨学科教研组形成合力,组织教学活动,采取多种方式,优势互补,共同完成"合课程"课程内容、学习方式、教学方式的再造。

学生的学习需求是进行跨学科教研的出发点,老师们根据学生的认知结构和学习规律制定相应的跨学科教研规划,将适合学生的多种智能学习资料进行合理整合归类,根据需要随时组合。"青岛的老建筑"是一个学生感兴趣的探究点,也是一个综合性较强的主题,不仅与学习领域学科有较多的交叉知识,也与人文领域学科有较多联系,这为跨学科整合教学提供了丰富的课程资源。于是三年级跨学科教研组确立了以"相遇时光中的老建筑"为"合课程"的主题,将语文、美术、音乐、信息技术、综合实践等多个学科进行整合,历时一周引领学生多角度走近青岛的老建筑,了解这些建筑背后的风云变幻和历史兴衰。语文老师借助范文讲解描写建筑的观察顺序、表达方法;数学老师则讲解几何图形在建筑中的应用;英语老师补充各式建筑的英语词汇及句子;美术老师讲的是建筑中线条和对称美;音乐老师讲的是建筑中流淌的音乐;信息老师教学生利用网络搜集老建筑的文字和图片制作电子报;学校还邀请青岛科技大学艺术学院的研究员,以美学的角度从建筑风格、类别以及青岛八大关建筑特色等方面为三年级学生集体上大课。最后综合实践老师带领大家从天主教堂到八大关万国建筑群,身临其境地感受建筑的魅力。

在跨学科教研中老师们取他科之"石",攻本科之"玉",不同学科教师浑厚的文化底蕴,先进的教学理念,灵活的课堂机智,闪烁的人格魅力等都值得各学科间教师相互借鉴学习,老师们"跳出学科看学科",从而达到了丰富教学手段、更新教学知识、拓展教学领域的目的。多个老师同上一堂课,受益最大的还是学生,"合课程"的课堂培养学生以多元的思维学习和思考,由一个单一的信息变成立体、多层次的知识体系。

三、超学科整合,打造多元学习空间——为有源头活水来

实践是检验真理的唯一标准,学科知识的源头活水在课外,"合课程"把课内学习和课外活动链接起来,进行超越环境、超越学科的整合,在课内学习之后开展超学科的探究实践活动,激发学生的创新思维和行动执行力。

学校一方面与多家实践基地建立全方位、长期稳定的合作机制,拓宽课程空间;一方面聘请大学教授、文学作家、部队军官、家长志愿者等外来资源加入课程团队,提升课程教学的软实力,丰富课程内容,优化课程资源。如一年级学

生在校内多学科学习了粮食的播种知识之后,走进青岛"惜福镇"农田,实地感受春种秋收的不易与喜悦。二年级学生在课堂上了解了生物的奥秘后,再到极地海洋世界、青岛植物园、贝壳博物馆等场馆实地探究,家长志愿者——生物学教授引导他们实地观察,现场讲解,满足了孩子们的感知兴趣与好奇心。三年级学生上午学完建筑的课程之后,下午学校外请的建筑学家就带着他们走进了中山路、天主教堂、栈桥一线,感受青岛多国建筑与中国古建筑的融合特色,老师们还会带领学生再到青岛东部五四广场沿海参观青岛的现代建筑群,建筑专家会引领学生比较青岛老建筑与现代建筑的异同点,学生们兴趣盎然,全情投入,课后用PPT演讲、辩论会、参观游记、建筑沙画、数据表格等多种实践方式展示学习成果,培养了解决实际问题的经验和能力,提升了学生的综合素养。

"合课程"的课堂将知识融进生活实践,为学生搭建了一个从时间到空间、从历史到现代的多元学习空间,从而促使学生实现从课内到课外主动探究学习的过程。

在深化课堂教学改革的今天,我校积极探索新的课程模式,探索和打造跨学科教育的课程,通过"合课程"的实施,把不同学科教学、课程内容、探究性学习、社会实践等多个领域合为一体,让学生在开放的情境中主动探索,亲身体验,在愉快的心情中自主学习,提高能力,形成以自主性、融合性、体验性、开放性、生成性为主要特征的特色课程,从而实现课程内容、学习方式、教学方式的"蜕变",回归教育原点,顺应儿童天性做教育,最大限度地提升了课程效率与品质。

附:我校部分年级开展"合课程"的案例

探秘粮食王国

盎然的秋意中,我校一年级级部的"探秘粮食王国""合课程"实践活动拉开了序幕。这是一次家长全程参与亲子实践的有益尝试。

整个活动围绕"探秘粮食王国"这一主题分两天进行,精彩纷呈。

第一天,先由语文老师带领同学们交流自己搜集的有关粮食的诗句或者节约粮食的小故事。从馒头的来历、什么是春耕,到了解秋收及种粮食的过程。

美术老师带领学生们通过欣赏花饽饽精美的图片,感受花饽饽作为一种民间生命力,极强的造型艺术表现出的独特的民俗风情。音乐老师用富有弹性的《悯农》歌声,让学生们充分体会了音乐与诗歌的完美结合。同一主题,不同角度的讲解,让学生领略到知识的全面性,童稚的思维尽情飞扬!

最让孩子和家长们激动的当属第二天的亲子活动,在学科整合教学的基础上,带领学生和家长们一起走进王哥庄二月二农场。随着农场工作人员的介绍、讲解,家长朋友们的协助参与,一年级的小同学和爸爸妈妈们在农场中亲自实践——"动手做馒头,大锅蒸馒头",一张张欢乐的笑脸,一双双沾满面粉的大手小手,一道道充满关切的目光,一声声嘱咐的话语,汇成了一首首动听的"馒头"交响曲!热火朝天的劳动中,学生、家长、老师都有了各自不同的收获!

此次活动不仅是我校学科整合的又一次有益的尝试,更是家校有效沟通的新形式!

畅游学府　虫趣之旅

喜爱小动物是孩子的天性。千姿百态的昆虫能引起他们极大的兴趣。在我校二年级级部开展的"合课程""虫趣之旅"中,青岛农业大学的王春德教授走进校园,为孩子们精彩生动地介绍了多彩的昆虫世界。

各班老师带领孩子们在各学科开展动物探究活动:语文《有趣的发现》、音乐《小鸡的一家》、美术《我和动物》、信息《找朋友》、快乐影院《动物世界》,通过不同角度带领孩子们去了解动物。然后又带领全体二年级学生走进青岛农业大学——昆虫博物馆和滨海学院的《动物标本展》,进行了实地参观探究。生物学教授深入浅出地科普讲解,激发了孩子们了解昆虫的兴趣。大学与小学的联手实践活动让孩子们浸润到昆虫那奇异绚丽的色彩,展翼飞翔的舞姿,斑斓美妙的花纹中。通过实践活动,孩子们在高校深厚文化氛围的感召下,了解了更丰富充实的知识,说不定不久的将来就会从台六走出一个个"达尔文""法布尔"……

重温红色历史　传承长征精神

2018年11月12日,我校六年级开展了主题为"重温红色历史,传承长征精神"的"合课程"。此次活动秉承学校"合课程"的理念,整合课程内容,多学科教学,搭建多元学习平台,变革学习形式,引导学生在实践中探究,在探究中成长。

学校面向六年级全体学生,整合语文、音乐、历史、学校课程等多个学科,设计实施了系列课程:语文课上举行长征诗词赏读会,从赏析文学作品的角度,接受长征精神的洗礼,感怀"红军不怕远征难,万水千山只等闲"的大无畏革命精神。学校课程:观看红色影片《我的长征》,从一个普通小战士的视角,注目长征,借助影光电,走进那段艰苦的岁月,感受长征精神。品社课:特邀青岛市中学历史学科中心组成员,44中历史教研组组于谊老师,为学生上了一堂直观而深刻的历史课。李老师结合大量珍贵的长征图片,形象、生动地还原了红军长征的艰苦历程,引导学生从宏观的角度正确认知长征的战略意义。音乐课:音乐老师带领学生欣赏红色歌曲,学生们高声传唱《红星闪闪》,将本次活动推向高潮。拓展训练:在长征精神拓展基地,师生共同参与体验了"人猿泰山""铁索横渡""匍匐前进""狭路逃生"拓展项目,通过亲身体验,获得了一次宝贵的精神成长。

第五节 博雅课程精品案例:指向学生创新能力培养的科技课程——"创课程"

创客已是席卷全球的热词。创客教育也影响着校园,我校的智能化教育一直走在全省的前列,比如机器人竞赛,连续7年获得山东省赛一等奖,曾以第一名的成绩挺进国赛。学校的3D打印机等智能化设备也是青岛市最早配备使用的,取得了不少好成绩。

但是学校"顺应儿童天性"的课程理念一直在提醒着我们,所有孩子们创新能力的提高,比拿多少金牌重要,人人都应该有成为创造者的机会。于是我们把关注点从精英式小众教育,扩展到面向大众的普适型全员教育,萌发了做"创课程"的想法。设计之初,我们就把"创课程"定位在"基于课程整合背景下的创客通识教育",而"通识"教育的关键要选好起点标准,把握好分层内容,要能适合每一个孩子。

一、"创课程"的开发与进阶

从 2014 年起"创课程"在走过的近六年时间里,基本是迈了三大步,是从创 1.0 到创 2.0,再到今天的创 3.0。每一步我们都在摸索、探究、反思中前行。

创 1.0 阶段

创 1.0 阶段,我们给全体学生提供材料,组织开展了万花筒、F1 赛车等近二十种科技小制作,孩子们是特别喜欢,发现动手制作很有意思,家长们的反响也很高。我们当时还特别注意到年龄分层和使用工具。低年级的学生以折叠、剪贴、拼插为主,高年级学生做电路连接、机械组装的内容。孩子们学会了使用剪刀、美工刀、螺丝刀、小铁锤、尖嘴钳等等,这些工具对成人来说看似简单,但对孩子来说是既有难度,又很有趣,这是创客通识教育的基础内容。做中学是创课程 1.0 阶段的实施途径。

在年末课程评估的时候,我们发现在实施"创课程"时学生乐于动手操作,对科学兴趣浓厚,但是这个阶段是以模式化制作为主,缺少"创"的东西,特别是孩子们的创意与设计。我们把创 1.0 称作"科技制作阶段",并没有达到开发"创课程"的初衷。这促使我们进一步思考提升,推动课程进入了创 2.0"创意激发"阶段。

创 2.0 阶段

首先,我们建立了课程研发团队,成员包括青岛市科学学科指导委员会委员、市科学中心组成员、市区级学科带头人、教学能手。特邀了市教科院、区教育发展中心的教研员,作为专家顾问定期到校指导。还请来了北京专家讲授示范课、派骨干教师去上海、南京、杭州学习,不断打造提升团队水平。

研发团队致力于在科学学科整合基础上,找出能激活学生创意思维的内容,打造新课程项目。例如五年级"秋季星空"一课,创 1.0 时有拼插投影灯模拟星空图的内容。到了创 2.0 我们就以投影灯为创新点,开发了"神奇的投影灯"项目。首先让学生学习投影原理,进而尝试创意设计自己的投影灯。老师引导学生想出了节日、国家、生活等不同主题词,孩子们思维活跃起来,投影灯不仅仅用于观察星空,还诞生了为亲人设计的生日灯、新年跑马灯、卡通人物灯、美食饮料灯、交通标志灯等等。孩子们有了自己的创意,还能尝试着独立或团队合作将创意做成作品。

创 2.0 的重要成效是打开了创客教育的思路,研发出许多有创意的项目。例如学生将创 1.0 时统一模型的太阳能小车升级改造为不同功能、不同样式的太阳能清扫车、飞机、风扇等。还有《平衡鸟》《探究工具盒》《自制电动机》等新项目、新想法、新设计、新作品,点燃了孩子们的创意之火,我们感觉创 2.0 课程已接近了创课教育实质,星星之火开始燎原。

创 3.0 阶段

时间来到 2016 年,创客教育进入了加速发展期。《学生核心素养发展纲要》提出培养科学精神实践创新,《科学新课标》新增"技术与工程"领域,李克强总理亲临深圳柴火创客空间,教育部明文提出探索创客教育等新教育模式。教育大环境的发展推动着我们的思考进入新的阶段,创 3.0 科学创客开启了。我们建构了"六步实施路径",现以"LED 灯"为例采撷介绍:

第一步,了解学习。通过与科学课整合,辅以微课翻转自学,了解 LED 灯的应用原理和设计技术。其中微课内容丰富有趣,配有学习记录单。学生可以利用午间在微机室自学,也可以通过家长微信或学校 Moodle 网络平台在家学习。不仅时间空间灵活,而且看一遍到看 N 遍学生自己说了算,满足了不同学习需求。微课设计一般在 5 分钟左右。微课学习不仅让学生了解了科学原理,而且通过完成学习单,还能促进科学思维,启发创意,为接下来的课堂学习打下基础,翻转学习取得了很好的效果。

第二步,目标创意。我们要培养小创客们具有公益情怀、价值目标和特色意识,就要清楚创的是什么和为什么。例如要给家人做一个用 LED 灯装饰的生日礼物,设计里面的家庭元素是什么呢?有孩子想到了他爸爸是交警,为了在雾霾天或夜晚让司机清楚地看到指挥,就给爸爸乃至交警叔叔们设计了加装 LED 灯的手套和背心。还有为让同学们放学路上更安全,加装 LED 警示灯的书包等等。孩子们的创意层出不穷,老师鼓励孩子大胆创想,写出或画出制作方案。孩子做出的结构图、气泡图等方案远远超出预想,有些看似天马行空,但设计过程本身就很有价值。所有的创意都是思维的火花,都是创新世界的源泉。

第三步,设计优化。培养核心是学会描绘、审辩和接纳。小创客要学会说明自己的主见,听取别人的好建议,争取团队合作。所以不仅要动脑,还要练习动嘴和动笔。孩子需要简单绘制比例设计图,与老师、同伴进行方案可行性讨论,确定那些可以马上动手,那些条件不足,还要继续设计完善。如夜间拖鞋的设计图,有一个孩子想到了妈妈是护士,上三班有时回家晚,为了不影响孩子睡觉,总是摸着黑进房间,孩子就想到设计带 LED 灯的拖鞋,即使不开大灯也能看到路。最终的设计者已经不是这一个孩子了,她的好设想吸引了同学伙伴的加入,迅速发展成团队,每个人都想在其中发挥作用。谁会画,谁会想,谁会做,大家各展所长。这一过程让学生既能独立思考、判断,又会多角度分析、选择,通过思维碰撞,用创意火花引燃创造火焰。

第四步,筹备材料。筹备材料做准备是一个实施难点,孩子们需要选择适合作品的 LED 灯、电源线路、包装材料和加工工具等。从以前老师给材料,到现在自己找材料,孩子们真是费了大脑筋。要根据功能设计,先估算功率型号等。孩子们可以从老师提供的材料中选,如果自己的设计独特,没有合适的,就要请老师或父母陪同到信息城、科技街或者网络上去挑选购买,只要你的设计能够打动人,老师和家长都乐意帮你的忙去买。而且创客往往都需要白手起家,艰苦创业,所以就需要核算成本,货比三家,乃至拉赞助筹资金。这都是创客必备的意识和本领,也要从小培养。

第五步,制作改进。孩子们不光要连接电路、组装灯具,更重要的是根据实际效果,对线路布局、配件搭配、外壳设计进行优化改进。孩子们发现小细节往往影响整个作品的效果,灯泡电源搭配不当,或者串并联方式不对,可能出现灯不够亮,或烧坏。还有些作品出来之后,小伙伴们评价虽然功能不错,但怎么看都不好看;这个笔上的灯太大太重,会影响书写,用起来不顺手等等,所以我们发现第五步之后往往需要返回第四步,重新设计,选材改进,但就是在这样的循环过程中,孩子们慢慢养成了技术与工程思维,学会将创意和方案转化为有形物品或改进已有物品。

最后一步,展示推介。最终作品或者是创意设计自我感觉满意了,就到了展示推介这一步。在班级、家庭,乃至学校、社会范围通过现场讲解或网络视频推介作品。如果你将自己的作品发布出去有人感兴趣,给你点赞,甚至有了使用者的追加评论积极反馈。那既说明作品有价值,也证明了你的设计制作是有效的。孩子们得到的正向反馈,将成为再创作的新动力。

二、"创课程"的课程管理与升级

课程内容换代升级后,实施管理也需要配套升级。如何在教学中落实六步实施路径,我们加大了课时整合的力度,研发建立了"2+X"项目教学模式。以四年级《温变材料及工具》项目为例,"2+X"架构中的"2"指的是一节创客元素融入的科学整合课"杯子变热了",再加一节创意设计为主体的创新实践课,两节课是项目实施的核心内容;"X"是弹性可选的内容,包括微课翻转学习、参观访学、家校合作筹备、二课升级创作、作品发布会等等。在这个项目上是四个内容,在其他项目上根据实际需要,可能是更为灵活地安排。

创3.0完成的另一个管理升级是建成了三至六年级的课程项目实施体系。我们的研发团队经过近两年的不断积累,多次的集中闭关磨课,从三至六年级的科学课程内容中挑选出了最适合的十六个课题。挑选的标准包括具有技术与工程方面的创新点,能够通过变化、加工或者整合成为适合创客教育的内容,能够找到合适的创作用材料及工具等等。最终研发出每学期两个课题项目,包括自创饮料、温变材料及工具、桌子的新思、魔法衣架等共计16个项目内容。配套研发出包括作为教材的学生手册、作为教参的教师手册、包含老师们原创的课件和微课的电子资源包等资源。其中有详细的步骤指引、课程概述和整合说明,还包括规划一目了然的学习目标、教学策略、背景资料和活动建议等。我们尽量为实施课程的教师们提供出更好的辅助和保障。

同时为了提高课程实施的水平,我们还采取了专题专人执教与专题师资培养相结合的方式。也就是一个项目可以由最适合的教师,比如说是该项目的主要研发者来执教级部的多个班级,这样做的好处是可以让研发者更深入的感知、研究、优化项目。同时其他课程教师先通过多次助教听课,来做好自己执教的准备,再完成剩余班级的课程,这样做的重要作用是培养出更多的创客导师。我们发现孩子们的创意往往比老师还丰富,而老师最重要的作用是在关键环节提出能引发创意思考的问题,然后在学生创作的过程中给予适当的辅助及评价激励。

回顾整个发展历程,我们感觉"创课程"实现了从"N到1"向"1到N"的飞跃,也就是从"1.0的N个孩子完成相同的1种制作"向"3.0的1个项目孩子们完成各异的N种创造"的升华。2014年至今,"创课程"得到了越来越多的关注和支持。先后被评为市北区精品课程、青岛市精品课程,并多次举行市、区级经验交流活动,期冀着"创课程"在课程团队的引领下能带给学生更多的创客实践机会,能激发他们更多的创客思维火花。

第六节　博雅课程精品案例：融合现代技术手段的电影课程——"光影童年"

电影，其本身声像传播的方式，使许多难以描绘的抽象内容得到形象化的展现，能够让学生在视觉与听觉上得到强烈的冲击，从而刺激大脑。电影可以代表一种典型化生活，让学生身临其境，情感互融。自2010年以来，我校开设了"光影童年"学校课程，通过影片赏析等相关课程内容对学生进行社会主义核心价值观教育，走进学生的内心世界，关注生活体验，共享快乐童年。

一、课程开设背景

学校课程团队通过调研取证发现产生于19世纪的电影已经成为一种重要的文化载体，以其独特、直观、多维的社会观察角度，深得学生们的喜爱，对他们产生了深远的影响。为此，学校组织课程开发教师开发教材、备课导россии，有目的、有序地开展影片播放，有组织地进行影后拓展，并通过有效的评价跟进，开创完善了"光影童年"学校课程的内容框架和实施路径。

一是开展问卷调研。课程开设必需关注学生的发展需求，学校先后在学生、教师、家长三个层面进行了"光影童年"学校课程开设的调研。调研结果显示，学生们非常喜欢观看电影，美国、日本的动漫片占学生欣赏影片的65％，较少涉猎我国经典历史影片。学生观影的渠道70％来自电脑、电视。

二是准备影片资源。根据调研结果，学校购进了百余部中外经典影片。在电影的主题和内容上做了精心的选择与归类，为低、中、高年段学生按需分配、量身定制影片推荐目录，形成台六"光影童年"影视资源库。

三是聘任观影导师。为了使学生们对影片的观赏更到位，使影片的内涵价值更为彰显。学校在教师、家长中聘任了观影导师，指导学生观影的同时，引领学生深度观影，从影片的精神品质、视听语言、美工摄影、表演艺术、后期制作等多个角度解读电影，赋予学生创新能力和艺术灵感。

二、课程实施

一是明确学习目标。"光影童年"学校课程在1～6年级学生中实施，低、中、高三个年段针对学生的认知特点，分别制定了三维课程学习目标。层级递进,螺旋上升。

二是提供课程保障。学校选购了百余部经典影片,建立了"光影童年"影院资源库。重新设计装修了观影现场,百余部影片的电影海报直观呈现,让孩子们在观影前获得感性的了解与认知。校园电视台负责影片播放。通过观前导影、分层观影、影后拓展的方式,为学生打开了观看世间百态之窗。学校还建立了良好的课程管理制度与评价制度,突出学生的主体地位,并以开放的学习环境、多维的获知方式、有效的评价跟进,陶冶了学生的情操,激发了学生的探究潜能。以经典丰富学生的心路历程,促进学生的知识世界、社会生活世界和心灵世界的丰富和成长。

三是拓展实施路径。在"光影童年"课程实施过程中,学校采取观影导师制,观影导师团由教师、家长、外聘专家组成,形成了一支知识面广、素质优良的课程指导与研发团队。

课程团队加强观影指导的路径研究,以红色影片为主要学习领域,以探究性学习为课程学习方式。教师通过观前导影、分层观影、影后拓展等课程实施路径,采取兴趣先导、引发思考、拓展延伸的实施策略,使学生充分感受到观影的乐趣。通过了解影片背景、特技解密、美工赏析、表演技巧等方面的知识,引导学生以撰写影评、影片配音、编撰小报、排演话剧等形式,让学生在观影后充分发挥潜力,拓宽视野、陶冶情操、升华情感。

四是编辑教材。课程研发团队经过长期实际教学的积累,编撰了"光影童年"学校课程教材。本教材以"生本、多元、整合、创意"为课程元素,分别介绍了电影的分类,电影的发展史、各类电影节、电影的拍摄技巧等方面内容,其中还就经典影片的背景、人物、内容进行影片赏析。寓教于乐、寓教于情、寓教于趣、寓教于意,为学生的课程学习助力。

三、课程评价

1. 开展"光影交流展示会"

为了促进课程的有效实施,学校在三至六年级学生中进行"光影交流展示会",以此作为"光影童年"学校课程的评价机制之一。学校为每班提供一个展示台。通过学习报告、影视手抄报、声临其境、戏剧表演DV光碟等形式展示本班学生的课程学习成果。"光影交流展示会"不但展示了学生们的实践创新能力,还给他们提供了互相学习、取长补短、共赢成长的平台。

2. 举办红歌演唱会

学校依托"光影童年"学校课程中"红色影片"专栏,利用红领巾广播站为同学们播放红色歌曲,深受学生欢迎。为此,学校举行了《祖国在我心中 红歌唱响校园》演唱会。孩子们通过热情洋溢的表演唱,慷慨激昂的合唱,深情款款的独唱等多种形式的演唱,对红歌进行了精彩演绎。由衷地表达出对祖国的无限热爱,课程实效得以彰显。

3. 进行"课程成果分享大集"

学校每学期期末进行"课程成果分享大集"。低、中年级的同学们或写或画,高年级进行"爱国影片大家谈""影片人物分析"和"经典影片赏析"。在分享大集上,《小兵张嘎》的精彩配音、《鸡毛信》的手绘漫画、《金色鱼钩》的课本剧、《闪闪的红星》片段再现等新颖的形式让同学们感受着红色经典的意蕴悠长。

四、课程效应

"光影童年"学校课程的开设,引起了各媒体的关注:青岛大众网、青岛财经日报、山东新闻网、青岛《金童世界》、山东教育电视台等多家媒体对我校"光影童年"的开设,进行了专题报道。"光影童年"先后被评为市北区百门优秀学校课程、市北区"十门示范"学校课程、山东省优秀课程资源。

第七节　博雅课程精品案例:充满活力趣味的运动课程——"动感体育"

一、体育课程改革的前期思考

博雅教育以人为本,强调人的全面发展,博雅教育里体育学科比较受关注,提倡学校体育要把身心发展、强身健体和意志锻炼等同起来。全面发展不只是各个学科的各自发展,还包括各个学科的相互促进,相互融合。

我国的体育教学变革取得了一定的成绩,但是观念上还有许多盲区,例如体质核心论,偏重基本知识、技能和技艺的培养,强调竞技体育等。

近期,教育部体育卫生与艺术教育司司长王登峰就中小学体育课程教学改革新形势、新任务进行了强调,"体育不仅仅是身体健康,体育还承载着健全人格、锤炼意志品质这样的一个思想、意识形态,承载着思想道德修养和振奋民族精神这样一个基础性的工程,而且要能够让学生在健全人格、锤炼意志的过程中享受到体育锻炼的乐趣"。

体育教学活动不仅要增强学生体质、提高运动技巧和技能,还要提高学生的人文素养,在发展智力、陶冶情操、锻炼意志,培养集体主义精神,增强组织性、纪律性等各个方面发挥作用。

鉴于以上的思考与反思,笔者认为,我校的体育课程一定要体现博雅教育的价值追求,把体育课程的核心转移到培养全面发展的人的核心价值上来。解决惯性思维下的困惑,着力从体育与健康教育相结合、课程目标新导向、课程内容构建新思路、课程实施新突破等方面进行体育课程变革。

二、体育课程改革的基本思路

以促进学生的健康发展,培养学生终身体育意识为目的,不断优化课程结构。

改变传统体育课堂模式,体现博雅教育以人为本的理念,教学形式充分体现体育课堂教学、课余体育参与、校园体育文化的大课程观理念。

逐步引入专业的体育俱乐部进入学校体育课程,跆拳道、空竹、乒乓球、击剑、橄榄球、篮球课程全面开设,使学生小学阶段掌握至少三项不同的体育技能,淡化"竞技运动"的教学模式,重视体育课程的功能开发,寻求体育课程资源的拓展。

增强体育课程的综合性,培养学生的意志品质,使学生通过体育课程的学习,养成良好的体育锻炼习惯。关注个体差异与不同需求,确保每一个学生受益。

进一步完善体育课评价体系。改革体育考试的评价方法,综合评价学生的体育学习。

三、体育课程改革的实践探索

在我校的体育课程调研中,课程团队发现:体育课程实施过程中,没有统一教材,上课运动形式单调,孩子们普遍运动兴趣不高成为突出问题。于是,学校对体育课程进行二次开发,根据年龄特点和运动认知水平,每个年级设立了多个特色项目,开设了丰富多彩的体育特色课程,如"耀武扬威""飞扬空竹""我爱游泳""足下生辉""灌篮高手"等多门课程，这些特色体育课程，深受孩子们欢迎，大大激发了孩子们参与体育运动的兴趣。

特色课程"飞扬空竹"，主要在二、三年级开设。空竹是一项中国传统体育项目，是学生喜闻乐见的娱乐健身活动，也是传统体育文化瑰宝之一。2013年，我校将空竹设为体育课程的内容，是因为体育教育中承载着传承民族文化的使命，这不仅仅是体育教育的诉求，也是博雅教育的追求。因此，把空竹的技能进行提炼，教学方式进行创新，进入体育课堂，既可以锻炼学生体魄，又可以让传统体育项目继承下来，还是一次对学生进行爱国主义教育、增强民族责任感的好机会。空竹花样有上百种，学生学会一种花样之后就会有一种成就感，充分调动了学生继续学习的兴趣。另外我校外聘空竹协会的会长，引用优质教育资源，因材施教，普及课程与社团课程兼顾，培养了一批空竹小能手，丰富了学生的业余生活，营造出传统体育校园文化氛围。空竹课程作为我校的特色体育课程，多次在市、区体育运动会上进行展演，增强了学生的自信心，提升了学校的体育办学品位。

特色课程"耀武扬威"，主要是学习中华武术，适合在一、二年级开设。武术是我国宝贵的文化遗产，是具有独特民族风格的传统项目，它历史悠久，内容丰富，深受广大小学生的喜爱。本课程对学生了解体育与健康的知识、技能，掌握科学锻炼的方式、方法，接受终身体育的思想，形成终生锻炼的习惯等方面会起到重要的作用。通过本课程的学习，学生能够运用传统武术进行健身与娱乐，在学习武术的基本技能之外，还可以学习中华武术文化和武术精神，提升学生的内在潜质。

特色课程"我爱游泳"，在一至六年级均开设，但根据低、中、高年级学生特点分别进行蛙泳、仰泳、自由泳不同内容，从易到难，循序渐进。蛙泳，通过熟悉水性，学习漂浮、蛙泳蹬腿和呼吸、蛙泳划臂等基本技能的完整配合，逐渐具备对水的感觉、对动作的控制、对游泳节奏的把控，为今后仰泳学习打下良好的基础。仰泳，是在学会蛙泳的基础之上，以学习游泳基本技能和仰泳技术为主，采用递进的教学模式，逐步从俯卧过渡到仰卧游泳的身体姿势，感知仰卧姿势的浮力和平衡，需要学生克服怕水心理，大胆尝试新的游泳技术和姿势。仰泳以打腿的掌握、身体平直的体位控制、手、腿配合为重点教学内容。学习自由泳，是游泳学习进程的一个阶段性标志，学生会对自己掌握多种泳姿而自豪，从而信心倍增。自由泳的教学内容是在蛙泳或仰泳技术基础上学习自由泳打腿、自由泳呼吸、自由泳划臂、自由泳完整配合。要求学生能适应多种泳姿交叉学习，勇于挑战新要求和新困难。学习中自由泳腿的掌握、身体平直的体位控制、呼吸平稳控制、手腿与呼吸的配合是重点教学内容。

特色课程"灌篮高手"主要是学习篮球运动，重视基本功的练习，遵循循序渐进原则，把握适量的度，以锻炼小学生身心健康为主。基本功的练习主要包括熟悉球性、运球训练、传接球训练、投篮和移动技术等。篮球运动有自身的特点，其跑、停、转等移动技术也自然有别于其他的体育运动，掌握好了这几项技术对于提高篮球竞技水平有很大的帮助。小学生正处于身体快速生长期，积极参加篮球运动可以帮助小学生实现健康成长。另一方面，篮球运动强调团队配合，因此通过篮球教学有利于发展小学生的集体主义精神，帮助小学生学会与人交往，善于处理人与人的关系，形成健康向上的人格。

特色课程"迷你橄榄"主要在中、高年级开设。英式橄榄球运动是一项身体素质要求极高的运动，该运动包含速度，力量，技术，配合等各种运动元素。世界橄榄球协会定出了橄榄球人的五大精神：正直、热情、团结、纪律和尊重。在教学实践中采用设置疑问、多样化、兴趣化、选择性等多种教学方法去调动学生学习的主动性、积极性，更好地完成体育教学任务，收到良好的教学效果。橄榄球运动不仅可以带给学生能跑、能跳、有力量的身体，还可以培养他们具有团结协作、百折不挠，遵守纪律，尊重对手的道德修养。

我校在每个年级都开设了多项特色体育课程，鼓励同学们根据兴趣，自主选课，还打破班级界限走班上课。体育课程大变样，形式新颖的课程内容大大激发了孩子们的运动兴趣。学校还充分利用社会优质资源，与多个体育俱乐部签订合作协议，邀请俱乐部的专业教练参与学校体育课教学。

同时，学校还注重开发体育活动课程。学校每月设立一个体育运动主题，月底进行比赛展示，全体学生参与，班级团体成绩公示。孩子们好动的天性得以彰显，运动热情非常高涨，身体素质日渐提高。学校每年上下两个学期分别举行全校性体育运动会，上半年召开田径运动会，下半年召开体质监测运动会。体质监测运动会一直采用先进的监测设备，为每个孩子建立体质监测的大数据，以更好地针对学生的情况开展个性化教学指导。这些活动课程的开设，让孩子们充分体验运动的快乐、竞争的乐趣、参与的收获，培养了学生的运动习惯、协作精神,最大限度地激发运动潜能。

博雅教育引发学校的体育课程大胆改革,破除学校原有体育教学模式,拓展体育教育资源,在管理和保障、课程和教学、普及和竞赛、评价和考核等方面创新实践,全面提升体育教育教学质量,使学生在体育课程中享受运动乐趣、培养健康体魄、磨炼顽强意志,促进全面发展。

第八节 博雅课程精品案例:面向人工智能时代的信息课程——"趣味编程"

随着近几年人工智能的迅速发展,我们和人工智能设备打交道的机会越来越多,和人工智能打交道的人群也越来越低龄化,孩子们的思维世界充满了天马行空的想象,手机解锁怎样识别真正的主人?无人驾驶如何判断突发状况?如何让机器像人类一样解决问题?如何让机器像人类一样理性思考?如何满足孩子们的好奇心?如何打开人工智能的大门?我校的信息学科教学团队在积极探索中发现"程序设计"是学生与人工智能打交道的桥梁。为了开拓学生人工智能的眼界,学校课程团队结合多年来积淀的机器人教学特色,以适应儿童逻辑思维发展的图形化编程为落脚点,从学生的实际需求出发,着力研究小学程序设计课程开发的途径与方法,打磨"趣味编程"校本课程。希望学生接触更多的与人工智能相关的程序设计案例,通过加深对计算思维的理解,迸发出更多有创意的设想。

一、课程开设背景

教育部于2017年颁布了《新一代人工智能发展规划》,明确提出"实施全民智能教育项目,在中小学阶段设置人工智能相关课程,逐步推广编程教育"。人工智能课程的发展是大势所趋,但不能盲目跟从。我国小学人工智能课程开展整体起步较晚,现阶段可借鉴的成功案例微乎其微。青岛市作为全国第一个在小学阶段开设人工智能课的城市,也在摸索中不断前行。

我校作为山东省首批人工智能试点校,以图形化编程为载体,以设计符合小学生认知水平的人工智能案例为目标,结合学生的实际学情,制定出符合学生客观需求的"趣味编程"图形化编程课程。

我们想通过"趣味编程"这门课程抛砖引玉,把学生大胆的想象通过编写程序展示出来。这些设想或许依照学生现在的水平不能完全实现,但敢想是第一步,随着信息技术的不断发展,这些符合人类需求的设想也可能实现。小学生需要什么样的程序设计课?我们通过程序设计课可以带给学生什么?学习程序设计课程,小学生能达到的预期成果有多高?这些问题一直贯穿在我们课程规划的始终。

二、课程开发实施

(一)明确目标

根据小学阶段学生的认知水平,学校面向中高年级学生开设人工智能课程,希望学生能够通过"开阔视野""模仿实践""放手创造"三步走,初步探寻人工智能是什么,建立学习程序设计的兴趣,提高创造能力、逻辑思维能力、协作能力。

(二)内容体系

"趣味编程"课程分为三个板块。

第一板块"小试牛刀"。以开阔视野,体验人工智能设计,尝试编写简单小程序为主。让学生体验到人工智能没有什么遥不可及,但复杂的人工智能的实现,又需要非常高深的算法和脚踏实地的实践。

第二板块"庖丁解牛"。以计算思维的梳理、开源硬件编程体验为主。学生通过编写程序控制开源硬件,让学生的设计效果不仅看得见,而且摸得着。

第三板块"天马行空"。以计算思维的养成,编写人工智能小程序初体验为主。让学生在学习中逐渐体会到计算思维的重要性,并动手尝试制作一些简单的人工智能小程序,体验到人工智能的实现,既需要扎实的基本功,又需要天马行空的创意。

(三)组织保障

普通的软件编程环境只能让程序结果通过屏幕显示,实际的程序效果多半靠学生的想象。为了能让学生更真实地感受到程序带来的反馈,学校投资数万元,多次分批采购开源硬件。与此同时学校还借助编程猫,童心制物等平台,为学生准备了丰富多彩的程序设计资源。学校还采用人工智能授课的形式,让课堂教学进度精确地关注到每一位学生。

(四)实施策略

加强程序设计教师培训。为使课程研发团队紧扣信息技术发展脉搏,学校聘请相关领域专家莅临指导工作,组织研发团队教师参与程序设计课程研发、人工智能理念等相关培训,不断提升软实力。课程团队不定期开展集体教研、案例引领,课程推进反思会,反馈学生的学习表现,修正课程实施计划。

丰富程序设计课程资源。学校调动社会资源、家长资源与学校教师多管齐下,丰富程序设计课程资源库。"趣味编程"课程依托中高年级人工智能课、信息技术课以及机器人社团、编程猫社团课程的开展和整合,灵活使用学校微机教室、pad教室、创客教室、机器人教室进行实践操作、课程实施、课程反馈等。

注重程序设计课程延伸。在"趣味编程"课程中,教师注重拓展对生活中计算思维的学习梳理,使学生了解程序背后的基础算法;通过动手编程实践,让学生掌握与计算机沟通的基本技能;引领学生参与体验拼装机器人活动,搭建智能设备,编写"人工智能学习助手"程序等形式,在动手实践中锻炼了学生的创造力。

精心编撰程序设计教材。学校课程研发团队经过长期的课程教学积累,编撰了"趣味编程"学校课程教材,本教材遵循学生客观认知发展规律,设计了"生活中的计算思维,智能中的计算思维,程序中的计算思维,创想人工智能"四个篇章开展每一课的课程教学,让学生在学习编程基本技能的同时,激发天马行空的创意思维。

(五)课程实践

拼装机器人,感受智能化。此次活动分为拼装"跳跳虫机器人"和"扫地机器人"两个主题。活动中,孩子们人人参与,探索奥秘,乐在其中。此次创客实践活动不仅让孩子们增进了创意想象、组装实验、动手制作的能力,更重要的是让孩子们走近人工智能,深刻地感受智能科技的神奇和魅力,让孩子们在动手实践中获得成就感,在收获知识中激发探索科技奥秘的兴趣。

光环板漂流活动。课堂上短短的40分钟,同学们总是大呼不过瘾,学校开展光环板漂流活动,学生可以向学校登记借取光环板,利用寒假的时间在家进行程序的设计,自主探究。学校还组建了光环板漂流微信群,学生可以随时随地在群里讨论问题、展示作品、交流心得、设计游戏、制作视频、办手抄报……学生通过各种各样的形式将所学到的内容展示出来,共同交流,共同进步。

对抗"疫情",编程显身手。在"停课不停学"期间,学校组织学生通过线上了解在此次疫情中人工智能所发挥的作用,并鼓励学生展开想象设计人工智能设备在对抗疫情时还有能发挥什么功效。学生在体会人工智能为医疗救护带来巨大便捷的同时,打开脑洞,为人工智能未来的发展各抒己见。

三、课程实施效应

学校"趣味编程"图形化编程课程的开设,为学生开启了一扇窗,学生精彩的作品层出不穷,学生在各类相关比赛中屡获佳绩。在小学生电脑作品比赛、NOC、机器人竞赛等全国比赛中斩获一等奖 20 余项。学校 2019 年被评为山东省首批人工智能试点学校,同年《半岛都市报》也对学校程序设计课程的开展进行了报道。在 2020 春季学期延时开学阶段,学校校本教材中的三节计算思维培养课,入选"市北区教学资源库",供全区六年级学生学习。编程猫第三期官方杂志刊载了"趣味编程"中《歇后语猜猜猜》制作案例,并于官方公众号推广,供全国的编程爱好者学习分享。

第四章
铸就"博雅人生"育人品牌

博雅教育重视培养学生的精神追求与人格修养,是将知识传授与品行教育相结合的教育方法和教育过程。北师大核心素养课题组提出:人文底蕴、科学精神、健康生活、责任担当、实践创新是中国学生发展的六大核心素养。要培养这些核心素养,博雅教育理应提上重要日程。博雅教育能够帮助学生成为一个眼界开阔、思维活跃、懂得审美、优雅得体、多才多艺的人。可以说,博雅教育是提升学生核心素养的必由路径。

在推进博雅教育的过程中,我校以打造"博雅人生"育人品牌为载体,围绕学生的雅行养成教育、经典文化教育、生命安全教育、核心价值观教育等一系列主题活动,积极开展社会实践和研学体验,优化学生多元评价体系,逐渐形成特色鲜明的育人品牌。

第一节 "博雅人生"育人品牌的内涵与实施途径

学而有广得者谓之博,正而有美德者谓之雅。我校以"博雅教育"为引领,积极打造"博雅人生"育人品牌。经过多年的实践探索,该品牌被评为"青岛市首批十佳德育品牌"。

育人品牌内涵:知博行雅。即在知识学习和实践经历上要博学厚积,见多识广;在规范意识和行动实践上要品行高雅,知行合一。培育"国格高尚、品格优良、性格健康、志趣高雅、举止优雅、谈吐文雅"的台六学子,奠基幸福人生。

图4-1 台六小学标识

依据内涵,我校设计了品牌标识,主要以学校校徽为核心图案,依托百十年老校的深厚文化底蕴,全力打造博雅德育。打开的书籍图案象征博学雅正,绿色的主色调寓意让每一个充满绿意的生命通过我校丰富多彩的活动,拥有活泼健康、勤于进取的生命态度与精神状态,获得谦逊礼让、乐观豁达的生存方式与学习方式,富有朝气蓬勃的生命力量,实现生命的可持续成长。

"博雅人生"育人品牌的创建实施主要依托以下六个途径。

一、注重雅行养成教育,培养学生良好品行

我校注重常规教育,充分调动学生的主动性,不断探索"自我教育""自主管理"的内涵,结合学生年龄特点,促进其全面而有个性的成长。低年级关注"遵规守纪"行为习惯的养成;中年级关注"爱校爱班"思想意识的养成;高年级关注"静心行雅"品格修养的养成。同时,变革升旗仪式等常规活动形式,大力表彰和激励孝亲小明星、运动小健将、诚信小明星、科技小达人等优秀团队。千余名学生成为光荣的升旗手,让每一个孩子感到我能行。通过开展"与美德同行"系列活动,引导学生学习美德,弘扬美德,践行美德,争做台六博雅学子;通过开展"博学笃行学礼仪""我的事情我能做""争做光荣小当家""携手帮助海岛孩子们实现梦想""成立学生自主管理委员会"等活动,促进全体学生自我管理意识的提高和礼仪常规的养成。

二、依托经典文化教育,铸就学生家国情怀

我校致力于通过传承经典文化之根滋养儿童内在心性,以红色教育和传统文化教育两条主线培养美德与正念,塑造阳光性情。红色教育紧紧围绕"邓恩铭精神",挖掘德育资源的内涵价值,拓展红色教育的育人空间。通过清明节、烈士纪念日等红色节日,开展读红色家书、观红色电影、讲红色故事、入校第一课、寻访邓恩铭成长足迹、瞻仰邓恩铭塑像等形式多样的活动,为激发学生的家国情怀提供思想根据、价值引领和内在动力。传统文化教育则贯穿于学校教育的全过程。通过优化环境、学科渗透、特色活动,利用优秀歌曲、传统节日、经典诗词、爱国志士等多种课程资源,着力实施家国情怀教育,培育和践行社会主义核心价值观。

三、搭建多彩活动平台,促进学生个性发展

我校秉承"尊重孩子天性,促进主动发展,助力健康成长"的原则,坚持"活动属于每个人,总有一项适合你"的理念,积极搭建德育特色活动舞台,尊重学生,解放学生闪烁的智慧;相信学生,释放学生创新的能量。深受孩子们喜欢的"博才雅艺秀场""班级合唱展演""民族风 世界情——运动会开幕式""玩转六一 玩具置换"等舞台,让每个孩子成为活动中的主角,尽情施展自己的才华。同时,学校全力打造台六品牌社团,激发学生全面发展。学校"博雅之星礼仪队"、管乐团、民乐团先后被评为"市北区十佳社团";我校多名学生连续多年荣获全国科技创新大赛一等奖,两届蝉联市北区红领巾理事会主席一职,三名学生先后被评为"齐鲁环保小卫士",充分彰显了我校学生全面发展的优秀综合素质。

四、创新研学实践途径,拓宽学生博大视野

研学是"行走中的课堂",以学生学习知识、增长经验为目。近年来,我校不断拓展教育的边界,坚持学、思、游相互促进的观念,带领近万名学生背上行囊,用稚嫩的双脚,去丈量祖国大地,培养学生适应未来社会发展的必备品格和关键能力。目前,我校已形成富有特色的"研学旅行套餐":"古色"文化之旅,让学生在实地考察中深刻感受中华民族的悠久历史和厚重文化,增强民族认同和文化自信;"红色"追忆之旅,学习革命精神,培养民族责任感,增强爱国主义情怀;"绿色"自然之旅,通过切身体会人与自然之间的共生关系,增强环保意

识;"三观"价值之旅,带领学生在考察社会民情和体验各行各业中,加深自我认识,形成正确的世界观、人生观、价值观。

五、实施多元评价体系,引领学生全面成长

多元评价是促进学生全面发展和个性发展的有效手段。经过多年的摸索和实践,我校逐渐形成以争章为激励机制的"一章两册三星四果五贴"多元评价体系,让每一个学生都能感受到老师的关注、信任和期望,都能在充满真情的评价激励下,感受成功的快乐,体验成长的愉悦。这一体系由"一章(博雅文明章)、两册(《文明护照》和《综合素质发展评价手册》)、三星(校园文明之星)、四果(礼仪果、洁净果、爱心果、活动果德育品评)、五贴(五彩即时贴随机评价)"组成,凸显多元评价的多元性、趣味性和激励性。通过这一评价体系的实施,极大地推动了学校德育工作,变"要求德育"为"需求德育",变"任务德育"为"自主德育",形成博雅德育品牌特色。

行走在"博雅人生"之路,我们一路欢歌,一路前行!孩子们在"博雅人生"育人品牌的熠熠光芒照耀下快乐成长,更重要的是通过多元化的体验,多维度的思考,成就了孩子的阳光自信向上,提高了孩子的综合素养与生活品质。社会各界众口评价:台六的孩子与众不同、阳光大气、思维开阔,台六孩子已然成为博雅台六最亮丽的名片。多年来,《中国教育报》《山东教育》《青岛日报》《半岛都市报》、山东电视台、青岛电视台等多家媒体、报纸、杂志都对我校的育人品牌创建工作进行了新闻报道。

德润人心,文化天下,教育无痕,花开有声。为实现"和谐 博雅"的美好教育愿景,全体台六人将不懈努力!

第二节 雅行养成教育奠基博雅人生

雅行教育作为我校核心校园文化进行打造建设,以行为养成教育为重点,立德立行,以学习促雅,以活动导行。推行雅行教育,我们设定了"礼行(文明素质)、能行(实践能力)、善行(公民责任)"三维发展目标,通过理想信念教育、经典文化浸润、岗位体验养成、校园环境熏陶及多元活动的开展,引导每一个孩

子行起于正,达成于雅,培养秀外慧中的"台六小雅士"。让我们一起走进校园,感受雅行教育的别样风采吧!

"理想信念"引领小雅士

亮点一:小小国防兵　强我中国梦

为纪念长征胜利80周年,我校开展了"小小国防兵　强我中国梦"国防教育拓展训练。近千名台六学子身着迷彩服,精神抖擞,在教官的指导下进行体能和应急两方面的训练。连环七跳、翻越险阻、危机四伏、狭路逃生、匍匐前进、军姿训练等各有特色、颇具挑战性的项目让同学们格外兴奋。学生们挑战自我,团结一致,累在其中,乐在其中,感受军人训练的艰苦不易、顽强拼搏。

亮点二:邀请成长导师　讲述红色故事

我校红领巾大讲堂有幸邀请到青岛市关工委常委、"五老"宣讲团团长王继军爷爷到校为邓恩铭中队宣讲《中国红领巾的队歌故事》。王爷爷从《共产儿童团团歌》到故事片《英雄小八路》的主题曲,再到该曲1978年被定为中国少年先锋队队歌,他用图文并茂的形式,生动讲述了队歌创作背后的故事,将14岁小红军、英雄小八路等榜样少年的事迹完整地呈现给孩子们,引导队员深刻地理解了"不怕困难、不怕敌人、顽强学习、坚决斗争"的意义。

"经典文化"培育文明小雅士

亮点三:开笔启智　礼润人生

正衣冠、朱砂启智、击鼓鸣志、开笔启蒙、孝亲敬师、诵读《弟子规》……我校每年都会举行隆重的开笔礼,一批批新生身穿汉服现身校园,在启蒙老师的带领下完成了识字、习礼、谢师等流程,让孩子们从中领略了中华民族尊师孝亲、崇德立志、勤奋学习、仁爱处事的中国传统文化精神。千里之行,始于足下,孩子们通过"开笔礼",迈开学习第一步,祝愿他们能走好人生每一步!

亮点四:改革升旗仪式　更多明星登台

我校改革升国旗仪式,把它变成一门课程来策划、开发、经营,将它作为一个锻炼学生体验实践的过程性岗位,让每个孩子都有机会当一次升旗手。学校开放思路,把当升旗手的要求明细化,提出成长建议,建立多样的产生渠道,把"升旗手"确立为一个团队,除了主升旗手,还有护旗团。先后有"环保小卫士""诚信小明星""纪律小标兵""运动小健将""书写小状元""生活小达人"等40个团队,近千人通过走红毯、授佩带、颁发证书、校报展示等体验升旗手荣誉。我校还专门制作"追梦的路上"升旗手风采集锦,为每一位孩子留下成长的足迹。

"自我管理"塑造小雅士

亮点五:成立"小当家"自我服务小队

学生参与校园管理可以提升他们的主人翁意识,做到更好的自我管理、自我约束。我校以在大队、中队两个层面,创设适合学生自我服务的岗位,让尽可能多的学生参与校园的管理。每个课间,他们服务在校园的各个角落。图书馆,有他们整理图书的身影;走廊中,有他们维护秩序的声音;操场上,有他们捡拾垃圾的背影;诚信伞屋前,他们忙着收拾整理借给同学的爱心伞;队室里,他们正热火朝天地策划学生活动;放学时,他们扯起的安全绳护送同学过马路……夯实学生自主管理,给"雅行教育"注入源头活水。

亮点六:举行少代会,成立新一届大队委员会

为贯彻落实《少先队改革方案》精神,发挥少先队员民主参与组织建设,提高队员光荣感、责任感,每年建队日,我校都会举行庄严的少代会。会议上,大队辅导员向全体少先队员作大队委员会工作报告,并进行了新一届大队竞选。所有候选人根据抽签顺序,进行"亮出我的风采"自我介绍和"无组织自由辩论"两个环节的展示。他们精彩的思辨能力、强烈的团队意识让场下观众感叹不已,向我们展示了大队委员候选人的活力与睿智。

少代会期间,百余名少先队员还结合校园生活的方方面面,就课程设置、午餐品种、课间休息、实践活动、校园环境等问题上交提案。在为期一周的提案讨论与核查期间,学校学生发展中心、教学指导中心、后勤保障中心等相关部门分别就相关提案逐一进行解答并予以整改。

"校园佳境"熏陶小雅士

亮点七:横竖交错　长廊文化打造育人平台

我校建设"两纵四横"长廊文化框架。"两纵"中,一个竖廊展示中华

五千年文化脉络,琴韵、棋乐、书艺,让学生感受先贤学识、气节和风采;另一竖廊展示的是千名学子博雅童年生活,用照片的形式体现着博雅教育的痕迹。"四横"即用不同的颜色及形式装点四层走廊,以班级为载体,记录学生在"礼""义""知""行"等方面的点滴。"两纵四横"长廊文化,展现学校探索推行雅行教育的进程及对未来的美好期盼。

亮点八:给孩子一个角落　还教育一份惊喜

我校校园的每个角落,都是孩子们特别喜欢的地方,隐藏着雅行教育的意义和儿童文化的密码。"爱心伞屋"又叫"诚信伞屋",设立在楼梯的转弯处,解决了广大师生下雨忘记带伞的烦恼。雨后的第二天,带伞回家的孩子都能将爱心伞擦干净,收整齐,套上伞套,如数送回爱心伞屋。爱心伞不仅能为孩子们遮风挡雨,更能承载起培育学生诚实守信美德的作用。"爱的回声墙"是我校的失物招领处。这里是学生传递爱心、互动感恩的角落。拾到物品主动送到这里来,衣物挂在衣架上,其他物品摆放在柜子上,并在"失物招领登记本"上进行登记,留下学雷锋的小足迹。丢失物品的学生往往第一时间会到此查找、认领自己的物品,并在"爱的回声墙"表达谢意,传递爱心,传播文明。

"多元活动"激励小雅士

亮点九:小手拉大手　"绿"动缤纷假期

面对环境问题的日益凸显,我校大队委员会向同学们发出过一个"没有爆竹的绿色中国年"的倡议,倡导同学们和家长们一起通过养护绿色植物、写春联、剪窗花、做花饽饽的方式代替燃放烟花爆竹,喜迎新春。

假前,学校赠每位学生一盆绿植,倡导学生和爸爸妈妈一起利用废旧物品制作花盆栽种绿植,孩子们每天照料并观察它的生长情况,撰写观察日记。伴着色彩艳丽、美丽动人的风信子和郁金香的盛开,美丽岛城掀起了一股爱的暖流。我校上千名学子来到各行各业,将自己亲自照料开花的绿植,送给平日里默默付出的亲人和劳动者,表达爱的祝福。

亮点十:小手拉大手,点亮城市梦想

我校受邀参加青岛市文明办、教育局、团市委、妇联组织开展的青岛市学雷锋志愿服务大会暨"我和爸妈一起做志愿"家庭公益故事征集活动颁奖仪式。

会议上,授予我校"十佳组织学校"光荣称号,我校 27 名队员分获一、二、三等奖。此次活动,不仅是对我校志愿服务活动的认可,而且更好地激励队员通过实际行动感恩身边人,大手拉小手,点亮城市梦想!学校红领巾理事会向全校队员发布了 10 项"小手拉大手 我和爸妈一起做雷锋"志愿服务清单,鼓励同学们利用休息时间,和爸爸妈妈一起继续做公益,用实际行动践行雷锋精神,共筑美丽青岛。

第三节 红色教育擦亮儿童人生底色

红色基因是中华民族的优良传统,凝聚着最宝贵的精神财富和力量,是促进中小学生健康成长、勇于担当的精神之钙。在推动博雅教育的进程中,我校依托红色资源优势,以红色精神引领学生,以红色文化熏陶学生,不断探索新形势下小学德育育人新模式,完善形成学校德育教育特色——"恩铭精神伴成长",编撰的红色德育课程"红色印记"荣获青岛市精品课程,红色德育品牌活动多次接受党建频道、青岛新闻、大众日报等媒体的报道。

一、挖掘红色历史,让红色环境育人

据青岛党史研究室资料记载,1924 年的夏秋间,邓恩铭来到台东镇小学(今青岛台东六路小学)任教员,以教员身份为掩护秘密开展党的地下革命宣传和组织发展工作。这段资料在台六百年史册中留下了光辉灿烂的一页。

(一)校史室挂牌"市北区第三教育联盟红色教育基地"

我校在校史室中开设"百年之魂 恩铭精神"专题版块,进一步充实邓恩铭学生时代、革命工作时期的文字和图片资料,充分展示他的革命功勋。成立了以党员为主的"红色宣讲团",带领指导"邓恩铭中队"开展学习宣传工作。2018 年,校史室正式挂牌"市北区第三学区红色教育基地",迎接区内兄弟学校师生的参观学习。

(二)邓恩铭塑像成为红色德育建设的新地标

2012 年,我校隆重举行邓恩铭同志雕像落成仪式。每年清明节、入队仪

式时，全校师生怀着崇敬的心情，瞻仰邓恩铭雕像，举行党旗、团旗、队旗传递。2017年，邓恩铭的侄孙女邓庆梅携贵州省荔波县邓恩铭博物馆的工作人员，走进我校，寻访邓恩铭足迹，对学校的红色德育文化表示高度认可。

（三）与校外红色教育基地签订协议

在充分发挥校内基地开展德育教育的基础上，学校不断挖掘校外资源，先后与青岛党史纪念馆、青岛市革命烈士纪念馆、青岛海军博物馆签订"红色教育社会实践基地协议书"。通过实地亲身体验，将德育教育与社会实践活动有机结合，使学生获得一次次宝贵的精神成长。

二、拓展红色资源，让红色课程育人

学校充分挖掘红色历史的丰富内容，依托红色资源进行校本课程开发，将红色文化进行课程体系的建构，汇编学校课程"红色印记"。

（一）课程教学

"红色印记"将红色教育由短期活动变为长效教育，融合教育价值、课程价值、地方文化价值为一体，注重学生、教师、家长、社会人员等多元主体的参与。通过设计"班队活动篇——寻根红色基因""光影流年篇——欣赏红色经典""拓展实践篇——传承红色精神"三个篇章，引导学生从中汲取道德养分、文化精髓和进取精神，不断激发学生传承红色基因。在课时安排上，我们采用弹性化，六个年级组依据课程内容，在红色纪念日期间自主把控课时的长短。此课程采用"3+3"的评价模式，关注主体、教师、社会的三级评价，强调学习评价、过程评价和整体评价，既考虑教育主旨的励志性，也考量教学内容的实践性。

（二）课外实践

"红色印记"的教学要与课外实践紧密结合，以活动为载体，吸引学生广泛参与。如清明节，开展"网上祭英烈"活动；建党日来临之际，走访慰问老校友、老革命者——梅山奶奶；烈士纪念日，开展"恩铭精神伴成长"主题教育活动等。在学生学完整套课程，组织六年级学生走进长征精神拓展训练营，重走长征路，点燃红色激情。

三、传承红色精神,让红色实践育人

多年来,我校深入挖掘"恩铭精神"这一宝贵的革命传统教育资源,将其作为践行社会主义核心价值观的重要载体。红色教育的核心是爱国教育、责任教育和理想教育,教会学生热爱祖国、自立自强、勇敢担当是学校红色实践的基点,更是培养学生的目标之一。学校通过实践体验,引导学生把红色精神内化为自觉行为。

(一)红色经典爱国教育

邓恩铭同志爱国爱党、无私奉献的精神激励着代代台六人扎实开展爱国主义教育。新生入校第一课是走进校史室,学习邓恩铭烈士的英雄事迹和学校百年发展史,让学生知校、爱校、荣校。

除了每周的升国旗仪式,学校还抓住国庆节、六一儿童周等重要节日,组织学生通过喜闻乐见的形式全面推进爱国主义教育。国庆节的手绘文化衫、绘制彩蛋、我是小小国防兵活动,六一儿童周的社会主义核心价值观组歌传唱活动,迎宾馆、海军博物馆、"海巡11"舰船、康有为等名人故居、长征精神拓展基地的研学活动,主题队会、英雄故事会等活动的开展,让红色德育逐渐成为我校的一张名片。

"快乐影院"是深受孩子们喜爱的精品教育课程,学校选购了《少年邓恩铭》《红岩》等百余部经典影片,建立了台东六路小学红色影院资源库。通过观前导影、分层观影、影后拓展研究等环节,以经典丰富心路历程,以红色教育升华信念。

(二)自立自强责任教育

邓恩铭同志不怕牺牲、英勇顽强的革命英雄主义气概,成为助推我校自立自强责任教育的不竭动力。

我校注重从小培养学生高度的责任意识和自主管理能力,设立了各级各类学生自我管理岗位,执勤护导生、食堂督导员、安全小当家、公物小管家、环保小卫士、图书管理员……孩子们用实际行动践行着他们的岗位承诺,在体验与担当中,增强了对个人、家庭、集体、社会的责任意识。

我校通过军训、团队拓展等特色项目加强班集体建设与责任教育;挖掘母亲节、班主任节、重阳节、毕业礼等育人功能,培养学生孝亲、感恩;深入生活化课程的教学,设计符合学生年龄特点的技能菜单,提高劳动技能和自理能力;发挥共建单位的育人作用,积极联系威海路交警中队、威海路消防中队、台东派出所、台东六路社区、市北法院、青岛海事局、山东航空公司等单位,组织学生参与社区服务与公益活动,以实际行动感恩社会,关爱他人,形成健康的人格与人生态度。

(三)追梦少年理想教育

邓恩铭同志牺牲前写下《绝命诗》,他对共产主义的坚定信念、视死如归的革命气节,时刻鞭策着我们高举青少年理想教育的旗帜。

我校定期评选"邓恩铭中队",并通过隆重的授旗仪式和传递仪式,宣扬良好的班风,将红色精神班班相传,代代相传。邓恩铭中队为市北区首张少先队原创歌曲专辑《红领巾的梦想》同名曲目《红领巾的梦想》演唱并录制MTV,良好体现了队员朝气蓬勃的精神风貌。

我校注重榜样教育的力量,先后邀请青岛市"五老"宣讲团、党史纪念馆、百姓宣讲团、雷锋班班长、维和部队官兵、邓恩铭侄孙女等担任学生"成长导师",以红色讲堂、英模报告会、红领巾议事厅等形式,培育学生健康向上的理想信念。

学校倡导学生"博览群书　广游天下",积极营造"我们一起走天下"的校园文化,培育具有大视野、大胸怀的博雅学子,定期评选展示的"小小恩铭四德榜"、储存梦想的笑脸墙、"8+2"多元评价体系、红地毯上的各类小明星、"博才雅艺秀场"、"民族风　世界情"全员参与的运动会入场式等,让每个孩子都成为主角,张扬个性,放飞梦想,引领学生为实现伟大的中国梦而奋发图强。

承百年育人文化,育时代博雅少年!学校坚持"立德树人"教育理念,依托"恩铭精神伴成长"红色文化特色,既是继承传统和开拓创新的统一,也是加强和改进学校德育工作的有效途径。通过开展红色教育活动,引导学生深刻理解革命传统的精神内涵和教育魅力。行走在导航学生成长的路上,我们将不懈努力,继续前行!

附：学校校史室《百年之魂　恩铭精神》板块解说词

各位客人：

　　大家好！欢迎来到青岛台东六路小学校史室，我们是学校红色宣讲员。翻开青岛台东六路小学的百年史册，我们会看到有这样一位特殊的教师，年仅23岁的中共一大代表——邓恩铭。

　　1923年邓恩铭同志受党的派遣来到青岛，在台东镇小学（现台东六路小学）以教员的身份为掩护秘密开展党的地下工作，对青岛党组织建设和工人运动做出了不可磨灭的突出贡献。今天，请大家跟随我一起共同追忆这位先锋战士短暂而光辉的革命历程。

　　邓恩铭，出生在贵州荔波县一个普通的水族农民家庭。他从小聪明伶俐，学习刻苦，多才多艺，成绩名列前茅。很多前往恩铭故居参观的人们，常常会问道：在这如此偏僻的西部山村里，少年邓恩铭受到了怎样的教育？又是什么力量促使他飞出黔桂大山，坚定不移地走上了革命道路？

　　邓恩铭的父亲以种地行医为业。邓恩铭小时候经常跟随父亲走村串寨为百姓治病。邓恩铭就读于百年学堂荔泉书院。这段求学经历对他后期走上革命道路产生了深远影响。他的老师高煌先生，是清朝光绪年间第一批赴日本公费留学的留学生之一，在日本受到孙中山革命思想的熏陶，推崇辛亥革命，留学归国后，在荔泉书院任教师。邓恩铭从高煌老师的课堂中了解到清政府腐败无能，被迫签订了许多丧权辱国的不平等条约，仅青岛一地就先后被德国和日本两个国家占领为殖民地。这些都激发了少年邓恩铭立志走"读书报国""科学救国"之路。1918年，邓恩铭受叔父的资助，走出大山，考取了山东省立第一中学。

　　1919年五四爱国运动爆发。邓恩铭积极投身于济南的学生运动。在革命运动中，与王尽美相识相知并结为亲密的革命战友。1920年11月，他们在济南成立了"励新学会"并出版杂志《励新》，以此为主阵地宣传新思想新文化。1921年春，他们在济南发起并成立了济南早期共产党组织，建立了马克思主义研究会，有计划、有目的地学习、研究并宣传马克思主义。

　　1921年中国共产党发生了一件开天辟地的大事，那就是在上海召开了中国共产党第一次全国代表大会。当时，邓恩铭年仅20岁，还是一名中学生。他是唯一一位来自西部偏远山区的少数民族代表。1922年1月,邓恩铭参加了在莫斯科召开的共产国际第一次代表大会,受到列宁的亲切接见。

1922年底,邓恩铭建立了青岛第一个党组织并担任支部书记。从此,青岛人民有了自己革命的引路人。他在青岛湖南路51号设立通讯处。青岛支部的旧址就是今天位于海岸路的党史纪念馆。1924年夏秋间,邓恩铭来到我校以教员身份为掩护秘密开展当的地下工作,将我校的四名学生发展成为社会主义青年团团员。

邓恩铭不仅是青岛党组织的创始人,也是青岛早期工人运动的组织者和领导者。大革命时期,邓恩铭两次领导大规模罢工。

1925年初,发动胶济铁路工人大罢工。他深入四方机厂,向工人们宣传马克思主义,把带有封建帮会性质的工人自发组织——圣诞会改造为青岛第一个在共产党领导下的具有工会性质的团体。这次罢工参与人数有1 500多人,持续了9天,邓恩铭身先士卒,始终站在前列,亲自指挥。同年4月,邓恩铭、王尽美等又领导了青岛日商纱厂工人大罢工。日本在青岛的6大纱厂全部停止了运转,罢工人数近2万人。这次罢工获得了前所未有的胜利,形成了青岛有史以来震惊中外的罢工高潮。邓恩铭在青岛的革命活动就像一把锐利的钢刀,插入敌人心脏。

1928年底,时任山东省委书记的邓恩铭因叛徒出卖被捕,这也是他的第三次被捕。在狱中,邓恩铭面对敌人的威逼利诱毫不畏惧,建立了狱中党支部,先后组织领导了两次越狱斗争,成功掩护多名同志脱逃,有力打击了敌人的嚣张气焰,增长了共产党人的革命斗志。

1931年4月5日,邓恩铭在济南被国民党杀害,牺牲时年仅30岁。邓恩铭的一生,对党和人民的事业忠心耿耿、无私无畏,他是中国共产党的骄傲!是青岛的骄傲!更是我们台东六路小学的骄傲!

邓恩铭敢为人先、自强不息、追求真理、不怕牺牲的崇高革命精神将永远激励着我们教师在立德树人的道路上,勇往直前,让红色基因代代相传,永不褪色。

第四节　传统文化教育筑牢民族的根和魂

中国文化博大精深,学习传统文化有助于学生扎深民族根,熔铸民族魂。在当下的小学教育中,传统文化的教育内容有经典原文诵读、节日仪式教育、汉服汉式开笔礼,这些都是传统文化进校园的有益尝试。但当我们沉浸在丰富多彩的活动中时,也在考虑从传统文化中提取精华部分,编撰教材,融合各学科教学,将"传统"与"现代"完美结合。我校多年来积极探索优秀传统文化学习与博雅教育相结合,从学校传统积淀中寻求发展优势,通过挖掘节日文化、开展特色活动、延展学科广度等途径,让学生在传统文化中浸润心田、滋养心灵。

一、发掘传统节日的育人价值,提高学生的文化认同感

中国的传统节日形式多样,内容丰富,是弘扬中华民族优秀传统文化和传承中华美德的重要载体。但是,近年来小学生过圣诞节比中秋节还隆重,甚至前一段时间出现了中韩"端午节"申遗之争事件。很多学生不喜欢过传统节日,是因为他们眼中过于"严肃"的日子没有新鲜感,没有浪漫的气氛。所以,学校要开展教育活动,引导学生明白每个节日背后的文化内涵。通过亲身践行、查阅资料等喜闻乐见的方式,感受传统文化的内在价值,对于加强小学生的传统文化教育具有很重要的意义。

我校赋予每个节日以主题,在每个传统节日到来之前,组织开展相应的活动。如春节以"喜庆"为主题,让学生写春联、贴福字,感受风俗,体会年味;元宵节以"游戏"为主题,举行逛灯会、猜灯谜活动,形成班级特有的灯谜文化;清明节以"缅怀"为主题,开展民族精神内涵大讨论,红色歌曲传唱活动;端午节以"爱国"为主题,召开班会了解屈原事迹,吟诵爱国诗词……同时,我校还会结合学生年龄特点,提出不同的活动目标。如中秋节时,低年级开展中秋画展,中年级开展"中秋的传说"故事会,高年级开展"致敬不回家过节的人"寻访活动。通过活动,使学生对传统节日习俗产生亲近感和认同感,调动参与的积极性。

其实,了解节日习俗知识只是一种载体,更重要的是通过它们弘扬一种情感和精神。春节前,学校赠送给每位学生一盆绿植,并在中国教育报上向全国少先队员发出倡导"禁止燃放烟花爆竹,过一个绿色中国年"。每年的清明节,

我校都会组织学生走进红色基地缅怀英烈,并举行邓恩铭中队的换届仪式,发扬革命精神,传承红色基因。每年中秋节、端午节,学生会将亲手制作的粽子、月饼会送到周边的千家万户。重阳节前后,在学校、班级各方的组织下,全校有300余人参与孝亲敬老活动,走访慰问百余名孤寡老人。继承传统不等于匍匐在传统脚下,我们要赋予传统节日新的时代内涵,搭建好学生人人参与的平台,使节日变成每个学生自己的节日。

二、开展富有特色的校园活动,实现校园文化的多元性

记得在一次学校校务委员会的会议中,有学生代表提到对传统文化的建议:"背古诗、写好字是我们一直在做的事情,我觉得传统文化的学习形式可以更多,比如我就喜欢听老师在每一个传统节日来临之前,讲美丽的传说故事。"学生的建议引发我们的思考:精心设计类型丰富、形式多样的教育活动,不仅会加深学生对传统文化的认识,提高学生参与的积极性,又有助于推进校园文化的多元性发展。

每年我校都会开展"传统文化嘉年华",邀请非物质文化遗产传承人、民间艺术家为学生们带来非遗文化表演,带领学生吹糖人、捏泥人、皮影戏、剪纸、烙画……在实践中感受传统文化的魅力。为了推动传统文化学习的深入开展,学校定期举行"诗词大会""读写大赛""校长杯书法比赛",学生徜徉在中华经典中,在笔墨书香中传承民族的文化瑰宝,自身的文化素养得以提升。

形式多样的文化活动让学生领悟的优秀传统文化能够学以致用,同时,我校也通过系列活动加深对传统文化精髓的感悟,在行动中重植民族根本。如结合新生开笔礼、十岁成长礼、小学毕业典礼等重要仪式,开展不同主题的特色活动,培养学生恩情回报的担当。学校还积极组织学生参与志愿活动奉献爱心,积极联系交警中队、消防部门、周边社区,践行服务他人的担当。班级中通过开展的"中华美德故事会""寻家风 我传承"等活动,增强学生的责任感、使命感。

我校重视并深入挖掘校外资源,开展了"国学礼仪讲堂"活动,广泛邀请在各个领域有特长的讲师,给孩子们先后提供了茶艺与茶文化、餐桌文化、国防教育等精彩课堂。

三、延伸学科教学的深度广度,寻找民族文化的根和魂

课堂教学是民族优秀传统文化进校园的重要教育形式,让经典走进课堂,让学生理解传统文化中包含的民族智慧,在知识探究中净化心灵、陶冶情操、塑造品格。但是如何在有限的课本资源中找到更多的传统文化素材,需要教师改变传统的教学方法,精准备课。

在语文教学中,我校特别注重传统文化校本课程的开发,连续编印了《亲近母语 快乐识字》和《博雅阅读》(中、高年级读本)三册,为学校的语文老师提供了经典诵读的素材。不仅仅是语文课,学校还将优秀传统文化与音、体、美、综合实践、道德与法治等课程进行整合,在不加重学生学习负担的前提下,构建以传统文化教育为重点的拓展课程。如在美术课上学习剪纸,制作灯笼,绘制风筝、彩蛋、马勺、团扇、皮老虎;在音乐课上吹葫芦丝、演奏竖笛;在体育课上,抖空竹、练武术、打太极;在综合实践课上跳房子、滚铁环、跳皮筋、打陀螺等。同时,我校还尝试将学校课程与传统文化艺术素养相结合,将琴、棋、书、画、武引进学校课程教学之中,目前已开设葫芦丝、空竹、国画、民乐等20多门特色课程,形成了传统文化特色鲜明的学校课程体系。我校研发编撰的校本课程"丝竹悠扬"获市北区精品课程。

我校以学生需求为本,引导学生学习传统艺术,在实践体验中学会创造美。学校先后成立了国画社团、书法社团、围棋社团和民乐团。活动中,还为每位学生建立了个人"国学小档案",积累过程性资料,记录学生的点滴,每学年年底进行"国学小博士"的评选。同学们在形式各异的活动中一展自己的国学积淀和才华,国学底蕴日渐厚重。

传统文化博大精深,还需要我们继续立足现实,脚踏实地的带领学生慢慢浸润,这样方能使传统文化在现代化的校园焕发生命和活力。

第五节 博才雅艺舞台秀出多彩童年

育人如育树:能顺木之天,以至其性焉尔。这是指教育要尊重孩子的天性,为孩子提供自主发展的平台。我校秉承"尊重孩子天性,促进主动发展,助力

健康成长"的原则,坚持"活动属于每个人,总有一项适合你"的理念,通过搭建各种平台,设置趣味的内容,让学生亮出天籁般的歌喉,展示优美的舞姿,画出快乐的童年,玩转神奇的玩具……在活动中认识自己,在快乐中明白道理,在自主中学会做人,让校园处处绽放博雅学子的张张笑脸!

台六才艺大秀场　学生人人是主角

"博才雅艺秀场"为学生们搭建了多个不同形式的舞台。在为期两个月的活动中,我校大秀场从艺术、体育、语言、科技、信息、益智六大领域入手,设立了"台六好声音""街舞小王子""创意帽子秀""护蛋小使者""DV小导演""空竹飞扬""最强大脑"等30多个展示项目,采取学生自愿报名,按项目展示,分阶段表彰的方式,改变了以前极少数学生参与,大多数学生观看的六一庆祝形式。多个项目的设立,既充满创意和童趣,又符合不同年龄段学生的能力水平,一道道丰富多彩的"精神大餐",为全校每一个孩子搭建了展示才能、自我锻炼的舞台。全校一千多名学生激情活跃,参与热情高涨,几乎每一个孩子都选择了适合自己的秀场参与展示,甚至有的孩子参与了多个秀场的项目。课间里,孩子们精雕细琢,反复排练秀场的节目;午饭后,孩子们踊跃"赶场"参加自己报名的项目进行PK;放学后,他们又三五成群地去欣赏其他秀场的节目。激情的鼓点,动感的舞姿,飞扬的空竹,神奇的魔方,灵动的悠悠球,旋转的呼啦圈,绚丽的帽子秀……一个个精彩的秀场展示,深深吸引着小观众们的眼球,赢得了阵阵喝彩,他们一起为小伙伴们点赞!

千名学生联袂演绎"民族风　世界情"

在我校集团运动会上,以"民族风　世界情"为主题的开幕式成为运动会上最为精彩和激动人心的部分。开幕式上,集团学子全员参与,国旗队、花束队以及各校方队以班级或级部为单位依次有序入场。他们以舞蹈、表演等方式配合服饰、道具,演绎着不同国家、不同地区的风土人情或运动特色,展现出各国各地鲜明的民族特色,绘出一幅幅"各美其美　美美与共"的美好画卷,给在场所有领导、家长、来宾带来一场视觉盛宴。学生们以饱满的精神面貌,矫健的步伐,嘹亮的口号,展示着整个台六集团师生的民族情怀和世界眼光。

此次运动会开幕式是我校师生风采的一次集中展示,也借此活动激励集团学子强身健体、传递正气,形成开放、自信、尊重、宽容、友爱等基本素质,让童年在祖国富强、世界发展中焕发光彩。

"美丽和声 唱响童年"班级艺术展演

"美丽和声 唱响童年"班级艺术展演活动聚集全校3000多名师生和家长欢聚一堂,共同参与,各班自主选择表演形式,合唱、合奏、合诵,演绎美丽和声。此次活动,我校设计了立体化舞台,改变了以往一个班级演唱的单一、单调的演出形式,鼓励每个班与其他班级合作登台,两个班、三个班自由组合成一个串烧节目。活动中,所有班级轮番上阵,你方唱罢我登场,或可爱呆萌,或青春飞扬,或宛转低扬,或欢快激昂,或轻盈曼妙,或回味悠长……更开放、更立体舞台,让节目展示更多样、更精彩!

玩转六一 快乐童年

你去过"老物件博物馆"吗?你在朋友圈晒过你的萌宠吗?你在咸鱼网上置换过玩具吗?你见过现实版的变形金刚吗?我校在六一节当天,开启线下品鉴会,邀请全校1100名孩子一站式体验,玩转六一。

在老物件展区,一部70年关于家国情怀的历史画卷徐徐展开。老版的人民币、粮票、BP机、黑白相机、半导体录音机、高考准考证等一件件老物件集结起来,向我们真实讲述了渐渐远去的时代故事。

在萌宠展区,孩子们从家里带来了自己的爱宠:泰迪、鹦鹉、仓鼠、小丑鱼、乌龟、龙猫、荷兰猪、白兔……介绍它们的生活习性及性格嗜好,与小伙伴们交流饲养心得与乐趣,零距离的接触与分享,上演了人与动物和谐相处的盛会。

玩具置换区,一、二年级的小同学们兴致勃勃地捧着自己的玩具,他们或交谈,或欣赏,或互玩……用自己的智慧、用自己口才,互换了玩具,收获了友谊。

拓展游戏体验区传来了阵阵的欢笑声、助威声……一圈到底、团队运智、管道奇兵、不倒森林等团队拓展项目,让同学们在放松游乐的同时,感受团队合作的无穷力量和集体生活的温暖。

在未来展区,学校邀请了"特殊的客人"——大黄蜂和擎天柱,这两位变形金刚与学生对话,和学生握手,同学生合影,鼓励同学们为新时代而战,为中国梦而奋斗!

第六节　社会大课堂丰富人生成长底蕴

"生活即教育,社会即学校。"为了全面落实区教体局提出的"社会大课堂计划",近年来,我校精心规划,广挖资源,积极实践,探索了一条行之有效的"三步推进"实施之路。第一步:走出去,动起来,实现活动的实效化;第二步:进课程,重延伸,实现活动的校本化;第三步:深合作,成体系,实现活动的常态化。

下面结合"三步推进",谈谈我校的具体做法。

一、整体规划,统筹安排,完善社会大课堂工作机制

为了确保学生真正走出去,动起来,我校领导多次进行调研、探讨和规划,首先明确了责任分工:由学生发展中心负责活动的安排、组织、协调等;教学指导中心负责活动内容的筛选、汇总、课表安排等,确定了间周周四下午第一节课后为全校社会实践课;综合服务中心负责活动的物质保障。其次,我们建立起一系列配套的活动制度、活动流程和安全应急预案,确保活动有效开展。

我校还重点加强了校内外指导教师队伍建设,形成了以综合实践课程教师为主、全体教师参与的校内体制,将教师参加活动的时间计入课时量并纳入考核。同时组成"校外教师志愿团",聘请在校大学生、博物馆解说员、农行理财师、园艺师、研究员、交警、社工等协助活动组织、项目辅导等工作,完善了社会大课堂工作的师资网络。

二、挖掘资源,形成序列,夯实社会大课堂活动基础

一是资源的挖掘与筛选。我校通过共建单位推荐、中层干部实地考察、家长调查问卷、教师代表座谈、学生小范围尝试等方式,圈定了学校周边符合学生发展需求的优质资源。随后,通过与相关单位多次联席商讨,反复论证,筛选出少年科学院、理工大学、北海分局、农业银行、海慈医院、威海路交警中队等20余个单位为近程实践基地,把近年来学校组织的春秋游活动中孩子们喜闻乐见的海军博物馆、科技馆、植物园、百花苑、蔬菜种植基地等10余个场所定为远程实践基地,并相继与这些基地签约。功能不同、风格迥异的实践基地涉及了人文、科技、环保、财经、自然等多个类别,形成了丰富多样的"资源联盟"。

二是资源的梳理与运用。根据学生的年龄特点及能力水平,我校将这些资源分门别类进行梳理,形成了序列菜单——手工劳动序列,公共安全序列,海洋

研究序列,拥抱绿色序列,环境保护序列,社区服务序列。各年级和社团可以根据需求点相应菜单开展活动。如近期一年级手工活动按需所取,点了菜单中少科院的陶艺制作;四年级海藻研究活动点了北海分局水质监控实验室;五年级低碳生活研究点了理工大学的环境保护系。序列菜单的设立保障了资源的科学、合理、高效使用。

三、深入思考,进入课程,保障社会大课堂持续实施

虽然各项活动开展得红红火火,但是我们清醒地认识到:要想持续发展,必须撷取精华纳入校本课程,规范、科学,方能后劲十足。

一是整理资源,将部分活动纳入特色学校课程。在实践活动开展过程中,我们注意选取成效显著的资源和较为成熟的活动案例,提炼特色,二次开发,纳入学校课程。如五年级学生走进理工大"生化实验室"和"污水处理实验室"开展环保活动。学生在教授的指导下亲自动手实验,在显微镜下观察活动的球菌、杆菌、线虫等微生物,足不出户亲历了污水变清的全部过程。鲜活直观的内容让学生大开眼界,学习了两个多小时依然兴致盎然,不愿离去,学校将其作为"环保探索"课程固定下来。再如三年级学生到榉林山公园、植物园等处开展"走进植物"活动,实地观察研究植物的根、茎、叶、花、果,积累了大量研究资料,我们由此开发了"拥抱绿色"系列学校课程。此项活动经验还在青岛市"学校课程现场会"上发言交流。

二是拓展课程,将学科教学延伸至社会课堂。在各学科的教学内容中,有许多适合学生课外继续研究探索的资源。我们组织教师充分挖掘这些信息,形成"学科实践资料包",引导学生在大课堂实践活动中检验和运用小课堂所得。如数学课学了银行利率的计算之后,学生拿出各自的零花钱,每5人一组汇总在一起,在老师的带领下走进银行,共同体验领号排队、开户填单、存款取款的过程。真金白银的体验,让理财、节俭、计算等教育教学不再是纸上谈兵。再如六年级上科学课"生活中的真菌"时,教师直接将课堂搬进了营口路市场,请卖菜的阿姨当起了指导老师,学生们在看、闻、摸、尝、比等多种体验中,切实感受到了生活处处有学问。

四、注重实效,深度合作,形成社会大课堂常态体系

活动基地建立了,活动内容规范了,我校又进一步确定了活动常态化的新

目标,开始尝试与各类实践基地深度合作和常态发展的合作模式。

一是深度合作。我校与青岛理工大学、青岛农业大学等高校密切合作,形成了得天独厚的优势。学生走进难得一进的"生物实验室""机器人实验室""三维投影设计室""精密机床设计室"等场所参观、调查、实验,在实践中促进了学、思、知、行的和谐发展。我们还开展了"大手拉小手"系列活动,如"模型制作社团"的孩子们牵手力学系的大学生走向青岛老街里,了解万国建筑群独特的造型;"器乐社团"的孩子们牵手艺术系的大学生同台演出,大小学生双双受益,高校资源的介入使我校受益匪浅。

二是常态发展。我校将40余个社团的活动与基地有机结合,如书法社团到"社区服务基地"——恩波社区送春联;厨艺社团到"敬老基地"——南山敬老院包粽子;小交警社团到"公共安全基地"——威海路岗宣传交通知识;海洋探索社团到"海洋研究基地"——北海分局开展研究性学习;植物研究社团到"拥抱绿色基地"——百花苑寻找野刺玫、杭子梢等野生花卉;触摸历史社团到青岛党支部旧址参观……社团活动既为学生自由全面发展提供了广阔的舞台,也推进了社会大课堂活动的常态发展。

课堂小天地,天地大课堂。近年,我校组织的社会大课堂活动,实现了学校教育和社会教育的有机结合,让学生的学习和生活变得更加丰富、鲜活、立体。今后,我校将继续全面有效利用社会资源,逐步完善学生参加社会实践活动的评价机制,进一步推进社会大课堂深入实施。

第七节　研学旅行打开博雅育人新方式

"读万卷书,行万里路""纸上得来终觉浅,绝知此事要躬行。""知行合一"……古人箴言,都在阐明一个道理:做中学固然重要,但行中学更重要。书本中所承载的知识毕竟有限,只有行路,依托丰富美丽的自然资源,借力平淡有趣的生活细节,眼观耳识,才能在无限延伸的课堂中更好地实现自身拓展!而研学旅行,恰恰就是我们实现在行中学的理想平台。

我校从2013年开始探索、开展研学旅行活动,始终致力于将研学旅行打造成博雅教育的一块闪亮品牌,不但倡导台六学子要"读万卷书",也要"行万里路"。

我们坚信:最好的教育在路上。

一、博游天下,开启学校的研学规划

我校在实施博雅教育的实践中深深地认识到:教书育人不再是狭义的知识和技能的学习,而是以人为本,立足学生的未来与发展,把他们培养成为幸福快乐、积极担当、敢于创新、能力多元的人。研学旅行作为我校实施博雅教育的有效途径,创造性地改变学生的学习方式,为学生提供一个多渠道获取知识并将学到的知识综合应用于实践的机会,不断提升学生的综合素养与能力。

我校推行研学计划,开始主要是在青岛本区域内,本着让孩子"在游中学,在学中游"的理念,利用小学六年学习生活走遍青岛的主要研学基地"玩转青岛"。在推进过程中,我们不断摸索、积累反思,逐渐将研学内容扩大到各个领域,将研学范围扩展到全国各地,赋予其更多的教育内涵。借助博雅教育的实施,我校明确提出了让学生"博游天下,胸怀世界"的教育思想,设计规划了不同教育主题的内容,最终形成了具有我校鲜明特色的"我们一起走天下"的研学品牌。学生走入博物馆、实践基地、农业园区、现代工厂、高新开发区、红色革命旧址等,通过实地参观学习、实践互动、体验探索等多种方式,提高创新与实践能力,提升人文及道德素养。

几年来,我校开展了十多个主题研学活动,带领全校师生开启研学之旅。

浸润文化研学之旅 —— 走进青岛博物馆、汉砖博物馆、一战博物馆、邮电博物馆、上海博物馆、中国博物馆……让孩子们在历史的长河中,感受中华上下五千年文化的辉煌。

绿色环保研学之旅 —— 走进植物园、中山公园、世纪公园、国学公园……走向海边、大山、田野……让孩子们拥抱大自然,培养与大自然和谐相处的人文情怀。

创新科技研学之旅 —— 走进全国各地的科技馆、现代企业、科学实验室……让孩子们感受科技的日新月异和社会的飞速进步。

亲近大学体验之旅 —— 走进清华大学、北京大学、上海交通大学、厦门大学……让孩子们心中树立起远大美好理想。

国防教育之旅 —— 走进中国甲午战争纪念馆、青岛海军博物馆、登上海巡舰艇……不断增强孩子们的国防意识。

红色教育之旅——走进青岛党史纪念馆、烈士纪念馆；观看天安门广场升旗仪式，参观人民英雄纪念碑，登天安门城楼……受到深刻的爱国主义教育。

国际博览之旅——走进青岛世界园艺博览会、上合峰会青岛会场、游览世界公园……让孩子们有远大视野和世界胸怀。

……

开阔的眼界，增强了学生对于知识的理解；具象化的经历，无疑会成为他们人生中的重要财富。青岛、北京、西安、桂林、南京……都留下我校学生研学的脚步和欢歌笑语。"我们一起走天下"像是一幅唯美的游历画卷，绘就了我校博雅教育美丽动人的探索故事。

二、学科拓展，确保研学旅行的效果

研学旅行为学生提供了更广阔的学习空间和更全面的教育环境，旅行成为课堂，社会就是教材，生活是最好的老师，探究和合作成为学生们主要的学习模式。研学活动出发前，学生在校提前进行探究性学习，保证每次研学旅行都有丰富的知识储备和生活准备。研学旅行中，同学们在老师的指导下会将自己的所见、所闻、所感、所思记录下来，并留下过程性的影像资料，及时和小伙伴们分享；研学结束后，整理游学笔记，总结研学成果，进行交流汇报。整个研学过程，培养了学生们探究、合作、沟通等各种能力综合发展。

"我们一起走天下"的所有研学旅行课程、活动都与教材的学科知识相连接，研学旅行活动中的所有实践任务都必须运用学校课堂上所学的学科知识。

五年级学生刘明嘉在旅行汇报时说："爬长城时，我爬了一半实在爬不动了，当时真想放弃！同学们说'不到长城非好汉'，在大家的鼓励下，我还是坚持下来，努力往上爬，终于爬到了好汉碑。我体会到了坚持的快乐，永不放弃，就会成功！"

四年级学生谢亦心在研学日记中写道："来到惜福镇农场，我和同学们跟着农民伯伯学习搭菜架怎样更牢固，亲手播种小麦，让我更深刻地理解了数学中三角形的稳定性原理和科学课上我们学到的播种知识。最深的感觉就是劳动创造了智慧！"

"在崂山上，我发现松树叶子四季常青，我就明白了人们为什么用这句话祝福别人健康长寿。通过小组的调查研究，我们还知道了为什么松树在冬天不落叶的原因。"六年级学生王新悦在研学过程中时刻充满学习的热情。

"记得第一次在青岛动车北站采访工作人员,因为阿姨工作非常忙碌,我们等了很久也没有采访成功,后来我们就学会观察和筛选,采访的成功率一下提高了很多。"学生于君卓在动车站进行调查访问时有了自己的心得。

……

这种亲身体验所带来的感受是书本上再精彩的文字都无法提供的。在孩子的成长过程中,要给予孩子们长大的机会。他们有很多闪光点,有很多无法在课堂和考试中能展现出的长处,而研学旅行是孩子学会独立,获得认可,实现自我价值的机会。

孩子就如同一张白纸,他们可以拥有无限的可能。当前的应试教育制度将孩子局限在升学和分数构成的狭隘天地里,压抑了孩子的想象力、创造力。而研学旅行本着让孩子"在游中学,在学中游"的博雅教育理念,扩大孩子们的学习空间,给他们自我发挥的机会,让他们尝试走出自己的一片天,也为学校博雅教育的探索创造出一片天。

三、精心组织,做好研学旅行的保障

研学活动涉及教育目标、活动经费、参加人员、家校关系、师生安全等很多方面的问题。为了确保整个研学旅行安全顺利地进行,学校精心组织,周密安排,严格管理,明确责任。具体实施步骤如下:

丰富研学内容,优化研学路线。在确定研学旅行的主题内容前,相关教师先实地调研当地的人文景观及适合研学的基地。以教育目标为指导,规划学生在研学旅行中的路线及任务,并就外出安全问题,做好安全预案

委托旅行社协助办理。严格按照区局意见精神,挑选信誉好、注册资金雄厚的旅行社,为师生研学办理责任险和意外险,与旅行社签约,明确双方责任。

与家长沟通,取得支持。印发家长一封信,详细说明活动方案,征求家长意见,并要求家长配合做好有关准备。在明确取得家长同意支持的情况下,确认学生名单。

确定带队领导和教师,制定研学手册。确定人员,明确分工,落实责任,分头准备。安排专人负责编撰研学课程提纲,结合学校博雅教育理念、学生成长环境和个性发展的特点,将研学课程与学校的育人目标紧密结合,坚持以学生为核心,做有特色的研学旅行课程。研学手册包括研学的行程安排、活动环节的介绍、研学中要学习知识的普及等方面。

向上级领导请示报告。将申请、计划、安全预案等详细内容,向上级主管部门报告,待上级审批后,组织实施。

统一着装,便于管理。旅游旺季,人员拥挤,难以管理,制作"博游天下"队旗,统一着装,标志明显,便于指挥和管理。

定位联络。学生允许带手机,每个教师带好学生信息表,便于特殊情况下联系。除此之外,在整个活动期间,带队教师利用有关软件能随时看到每个学生所在的位置,确保学生安全。

安排周到,组织严密,要求严格。包括行军、参观、学习、爬山、乘车、晚休、就餐、购物、礼仪等,要求非常具体,全部军事化。参观过程,大家带本带笔,认真听,仔细记。尤其是安全,包括交通安全、饮食卫生、财产安全、购物安全等,在组织初期尽可能想到每一个细节。

教育及时跟进。活动中会出现意想不到的问题。每次饭前集合,及时总结学生表现,及时点评,对发现的问题及注意事项,及时提醒和告诫,使学生在实践中成长,素养逐渐提高。

研学的落实。按照研学提纲的要求提前预习,带着问题参观学习,边观察,边记录,边拍照。

"用脚丈量世界,用心感知远方",研学旅行拓宽了课程建设的外延,在学生成长的过程中有着和学科课程一样的重要作用,是推进我校博雅教育的重要载体。在政策的推动下,在教育的多元化发展下,研学旅行将会带来一股影响深刻的教育潮流,学校也会乘着这艘大船,继续前行。

附:学生研学活动集锦

相约世博园　拥抱大自然

秋日,沐浴着和煦阳光,一、二年级的小豆丁们在老师的陪伴下,走进世博园,独特的建筑、新奇的植物立即吸引住了研学师生的眼球。一步一景的世博园场馆中,每个地区的建筑、环境风格各不相同,充分体现各地迥异的文化、民俗和内涵,仿佛走遍了大半个中国,孩子们仔细聆听讲解,细心观察各种植物的样子,并收集了形状各异、色彩斑斓的树叶,自由发挥想象,巧妙构思,用自己的双手剪、拼、贴,创造出一幅幅独具创意的漂亮树叶画。建设绿色生态文明,世博园就是一本生动的教科书。在老师的指导下,孩子们用相机记录下了这下了快乐时光,还将自己在园区中所见所闻用日记画的形式展现出来,在班级中分享学习成果,小豆丁们忙得不亦乐乎!

翻看照片,那每一个定格的瞬间,留下的是孩子们童真的眼神和走过的足迹。更重要的是低年级的孩子们在活动中相互照顾,增进友谊,培养团队精神,在成长的道路上留下深刻美好的回忆。

感受民族文化　体验劳动快乐

秋天是多彩的季节,层林尽染,叠翠流金,五谷丰登,瓜果飘香。大自然是孩子们最为广阔的教室,为了学习传统文化精髓,锻炼意志、体验劳动的快乐,学校组织三、四、五年级开展"感受民族文化,体验劳动快乐"实践研学活动。

活动开始前,在老师的带领下,孩子们围绕他们即将实践的主题展开热烈讨论和研究。四、五年级围绕地瓜的种植和收获开展探究。地瓜的别名还有哪些?几月种植?几月收获?种植到收获需要多长时间?三年级从面粉是怎么来的开始研究,用思维导图的形式呈现麦子的生长过程,设计馒头图样,跃跃欲试,充满期待。

田间地头,不时传来孩子们的欢呼声,每挖到一个地瓜,大家都无比快乐和兴奋!不断讨论着回到家要把自己的劳动成果做成地瓜馒头、地瓜粥、烤地瓜等美食。

在二月二农场,案板上的面团在三年级孩子手中呈现出各式花样:小燕子、小刺猬、小兔子……参观生产线更是让他们对传统民间艺术产生了浓厚兴趣。

行是知之始,知是行之成!此次研学,孩子们走进自然、参与劳动,劳动观念和劳动技能都得到了增强。一次身体力行的活动,让孩子们真正懂得粮食的来之不易,更将我校"生活化教育"的理念落到实处,让生活走进学校,让教育回归生活。

重温历史　牢记使命

为大力弘扬以爱国主义为核心的民族精神的培养,契合我校思源德育教育的有力推进,六年级全体师生前往青岛山一战遗址博物馆,开展参观研学活动。探寻历史轨迹,重温历史,牢记使命。

走进一战博物馆,巨幅浮雕映入眼帘,青岛人民在"一战"期间与帝国主义侵略者顽强抵抗的情景让同学们为之震撼。讲解员为大家生动讲述了发生在当时的英雄事迹和红色经典故事。

看到一张张发黄的照片,战争场景复原的投影影片,感受到这场帝国主义侵略给青岛人民带来了的灾难,同学们无不感叹,深刻体会到在艰苦斗争的年代,革命先烈抛头颅、洒热血,顽强的革命斗志和不屈不挠、不怕牺牲的爱国主义精神。炮台山下,时空隧道内,弹药库、测绘室、发电机房一应俱全。穿过狭窄的通道,仿佛回到了炮火连天的一战时期……

重温历史,珍惜当下。三个小时的研学实践丰富了学生对一战、五四运动的历史知识,深刻领会到今天幸福生活的来之不易。红色研学之旅要继续,祖国的历史要铭记,革命的红色基因要传承,时代赋予的使命要担负。新时代的台六少年们必将以坚定的理想信念,丰厚的知识底蕴,广博的人文素养,为实现中国梦贡献自己的力量!

参观舰艇 逐梦海洋

海风习习,在中国海军七十周年华诞之际,青岛港迎来了世界各国的海军舰艇。舰艇开放日当天,师生代表登上受检阅的舰艇,一睹战舰风采,近距离感受海军官兵的工作生活环境,增强国防意识。

到达现场,六艘中外军舰有序停靠在3号码头,舰上悬挂着象征海军最高礼仪的满旗。师生有序登舰,热情高涨。舰艇上的官兵们面带微笑,引导到达舰上各个区域。狭窄的舷梯,整齐的舷窗,轰鸣的发动机,让一个个"小军事迷"兴奋不已。军舰上,导弹、深水炸弹和反潜鱼雷全幅装载,展现着雄风与霸气;操控台上密密麻麻的按钮,彰显着舰艇精密的操控与性能。

站在甲板上,眺望远方的胶州湾,中国红与海军蓝交相辉映,队员胸前的红领巾正迎风摆动,少先队员们纷纷表示,愿以守卫和平,报效祖国为己任,共享海军荣光,逐梦蔚蓝海洋!

通过此次活动,进一步激发了队员关注海洋、海防、海军建设的热情,增强了全面国防意识。祝福人民海军更加强大,祖国更加繁荣昌盛!

课程研学 精彩绽放

在秋日的暖阳里,"合课程"研学活动再启航,绽放独有的精彩。

秉承学校"回归教育原点做课程,顺应儿童天性做教育"的课程理念,研学活动以课程为着力点,在"博雅课程"顶层设计名师工作室的引领下,扎实推进课程的具体实施,真正实现师生的生命成长。教育活动和社会实践结合起来,形成一种全方位、多视角的海洋人文教育顶层设计和实施路径。

探寻生活中的数学

三、四年级的同学们在经历了课堂学习之后,实地探访中华人民共和国水准零点。让学生经历在直线上表示行走距离和方向的过程,体会直线上正负数的排列规律,感受正数、零、负数之间的大小关系,明确数轴三要素即原点、正方向、单位长度。能把数轴上的点和相应的正数、零、负数建立一一对应关系。通过名师引领和现场指导教学,开阔视野,增长见识,引导学生用数学的眼光关注生活中的问题,多学科融合感受数学学习的价值。

在上合中拓宽视野

作为承办上合峰会的青岛市小公民,五、六年级的学生选择从另一个视角走近上合,感受上合人文精神,拓宽国际视野。

同学们在课堂上了解了上合成员国的基本情况,学习用英语描述国家的位置、各国国旗以及在世界的大体方位,并能将各国家的名字表达准确、完整。随后,实地探访迎宾大厅、双边会议厅、齐鲁厅、泰山厅等主要会客地点,名师指导用英文对参观场地进行简单的描述。打破常规英语教学,拓展思维,丰富知识,学生们兴趣盎然。

第八节 探索体验式生命教育的途径

随着社会的发展,小学生面临着各种不安全的因素,其安全问题是一个社会问题,更是一个教育问题。安全源于物与人的和谐统一,学校安全教育的基础是以人为中心的人性化管理理念,尊重人、理解人、关心人、爱护人是学校安全文化的主体思想和核心,突出和倾注对师生的"爱"和"护"是其实质。我校积极筹划各种形式的安全教育活动,引导学生从"要我安全"到"我要安全",

探索体验式生命安全教育的有效途径。

系列一：增强实效，亲身体验促发展

消防车进校园　争做安全小卫士

为了更直观地掌握消防知识，我校邀请威海路消防中队消防员驾驶消防车来到学校，与全校师生零距离"面对面"。随着消防车侧门的打开，消防车里的秘密一一呈现在大家面前：喷水枪、消防服、空气呼吸器、破门器等消防器材应有尽有，摆放有序。消防员介绍了消防车的功能和用途，并对几种常规器材进行了现场演示，台下的学生热情高涨地与消防员互动，个个跃跃欲试，亲身坐一次消防车、穿一次消防服、握一次消防水枪，感受了一次当消防员的滋味。

"小交警"街头执勤　警校共守文明交通

为树立交通安全意识，我校学生代表跟随威海路中队交警一起上岗执勤。学生针对私家车司机驾车过程中产生的路怒、看手机、争道抢行、车窗抛物等不文明现象，设计了"爱的罚单"，对违规行为进行"为全家做美味晚餐""给老人按摩""陪孩子读书"等"爱的处罚"。"爱的罚单"全部是孩子手绘的作品，清新的画面，温馨的导语，非常温暖人心。

学习自护知识　争做安全小卫士

我校开展自护技能培训活动，竖起学生安全警戒线。操场上支起的"烟雾逃生训练帐篷"，用来模拟火灾现场。随着火险警报的发出，同学们在老师的带领下迅速排成一队，用湿毛巾捂住口鼻，弯腰拱背，有秩序地穿越模拟烟雾逃生帐篷，及时安全撤离。在专业志愿者的指导下，学生亲身体验结绳逃生，心肺复苏，使用仿真灭火器，逼真的体验场景让同学们更直观地了解安全自救知识、掌握安全逃生技能，为他们的健康成长保驾护航。

系列二：加强引导，安全大咖进校园

校外导师重磅亮相　高能对话安全教育

新学期开学，我校邀请来自海事、消防、公安等部门的专业人员担任学生导师，开启新学期安全第一课。海事局海豚救援队的导师通过播放乘船游泳教育动画片、演示救生衣穿戴步骤、有奖问答等形式，引导学生掌握安全乘船、正确

游泳、遇险自救等知识和技能。台东派出所黄锦红警官结合学生的生活经历及体验,用一个个小小案例道出校园欺凌的危害。威海路消防中队张班长借助学校的微型消防站,逐一向大家讲解灭火救援中常用的器械,对具体的使用方法进行现场演示和讲解。

交警进校园 安全护成长

3月26日是全国中小学生安全教育日,威海路交警中队的朱涛警官走进我校,通过寓教于乐的形式给学校师生送上了一堂生动活泼的交通安全课。朱警官为同学们播放交通安全教育片,通过互动、抢答、游戏的形式,引发了学生浓厚的学习兴趣。他还根据威海路、台东六路和台东八路交通的实际情况,紧贴学生日常生活,重点围绕文明出行、遵守"红绿灯"、"礼让斑马线"等内容进行了有针对性的讲解。

小手拉大手 电梯安全在身边

"在电梯里跑跳打闹到底对不对?""电梯突然发生故障我们该怎么办?"几个常见的电梯安全问题引发的同学们的热烈讨论。在3·15这个特殊的日子,市北区市场监管局安全员到我校,为同学们上了生动的一课。为了让同学们有更加直观的认识,安全员专门为同学们播放了电梯安全知识动画片,细致讲解了从乘坐扶梯安全规则到电梯乘坐注意事项,让更多学生了解了安全乘坐电梯的知识与技能,增强自我保护意识。

系列三:多措并举,社会课堂来助力

走进应急安全体验培训基地

每年的安全教育月,我校都会组织一个级部的学生走进青岛应急安全教育培训中心,学习火灾逃生、地震自救、人工呼吸等安全常识,体验地铁、高层逃生演习。学生们通过地铁逃生体验、烟雾走廊逃生体验,有效掌握安全乘坐地铁的基本知识和应对地铁事故的逃生技能;在地震体验区,学生们真实体验到震前、震中、震后的巨大变化,学会了如何自救;在高层楼宇逃生体验区,同学们个个机智勇敢,通过体验高层楼宇逃生缓降器,学会正确的逃生使用方法。

高空抢险救援"初体验"

在"1·19"消防宣传日到来之际,我校组织学生走进青岛市消防救援支队水上大队水陆中队参观践学。在中队的大院内,队员们围住了一辆城市主战消防车,听多次执行灭火救援任务的消防员讲述随车的液压扩张器、断线钳、分水器、鼓风机等"十八般兵器"如何使用。大家试穿了消防服,试带了压缩空气罐,还轮流登上了登高平台消防车,参与高空救援作业,不一会儿的工夫便大汗淋漓。活动结束,孩子们由衷地表达了对消防战士们的敬意和感激之情,并表示今后一定多学习消防知识,保护自己,减轻消防员的工作负担。

"急救小能手"学包扎技能

我校组织第一批"急救小能手"走进青岛市家庭应急安全演练实训基地参与实践学习。他们身穿白大褂,跟着工作人员学习心肺复苏、创伤包扎和制作简易担架。学生们三人一组,用模拟道具进行演练。一上午的课程,既有急救知识的讲解,也有包扎技能的学习,更有随机应变的实战体验,队员们不仅仅学习了救护知识和技能,更提高了安全意识和自救互救能力。这批"急救小能手"回到校园又积极行动起来,带动了更多的同学,学知识、练技能,在突发危险来临时减少自己的受伤害程度。

系列四:做好防范,应急逃生勤演练

举行应急安全技能训练趣味运动会

我校创新形式和内容,将运动会与安全技能训练有机整合,举行应急安全技能训练趣味运动会。共设置"模拟楼房窗口结绳逃生""快速逃生障碍赛""交通、消防标志识别"等8个安全体验项目。运动会赛场上,随着火险警报的发出,同学们迅速排成一队,用湿毛巾挡住口鼻,弯腰弓背,有秩序地穿越模拟烟雾逃生帐篷,迅速安全撤离。消防接力现场"惊心动魄",在各种"火灾"状况面前,学生们迅速叠好毛巾捂住口鼻,并正确利用灭火器、灭火毯、呼吸面具等工具进行有效自救,科学扑灭"大火",安全达到终点。火警救护现场,小救护员迅速行动,默契配合,动作娴熟地将毛巾、木棍制作成一副标准的担架,火速冲到"伤员"身边,用纱布为队友细心地包扎头部、手部,俨然成了一名优秀的白衣战士。

跟着小卫士学习安全自救动作

防范重于救援。我校每学期的第一次的逃生演练的主题是"防踩踏"。学校结合实际情况,针对在大课间上下楼、上厕所、食堂就餐等关键环节,为学生详细讲解如何预防踩踏事故的发生。"安全小当家"们对全校师生进行培训,结合"要预防、别靠近、要镇定、别绊倒、靠墙壁"五要素边讲解边示范,教给孩子们在拥挤、踩踏等紧急情况下如何最大限度地保护自己,降低自己受到的伤害的方法。现场同学边学习边模仿,熟练掌握了双手交叉抱头屈膝侧卧、右手握左手手腕撑于胸前等自救姿势。

第九节 实施"8+2"多元育人评价

大多数雪花是六角形的美丽结晶,可显微镜下细察,朵朵雪花却截然不同。个性差异的执着存在,才使得学生们生机勃勃,意气风发,校园才有了满园春色。

镜头一:学生张凡越把"文明护照"一直夹在成长档案的第一页。他说:"上学期获得三星级文明之星的奖励,给我很大的鼓励。我现在更加明白了文明的含义,身为一名大队委员就要有担当,做榜样!"

镜头二:《半岛都市报》编者按:每年放假前的家长会,对于学生和家长们来说,都有点让人忐忑:家长担心孩子没考好,自己会挨老师的批评;孩子担心家长开完会回家给自己脸色看。在我校,学生却免去了这个担心。因为每年的家长会,我校不是仅仅以成绩来衡量孩子,而是采用更全新的"8+2"多元评价来全面考察孩子,让他们都能看到自己的进步,体会成功的快乐。

镜头三:"上面的图案真好玩。"新入学的熙熙同学,拿着我校自主设计的特色《素质评价手册》,立刻就被里面的内容和画面深深吸引,津津有味地翻阅着。被学校请来给新手册提意见的家长李明看了手册内容后不停地点头,感慨地说:"新手册更贴近孩子生活,对学习生活、社会实践的考核更丰富、更具体了。"

开启篇

多元评价是促进学生全面发展和个性发展的有效途径。评价的目的不是为了证明什么,而是为了改善问题。我校确立了导向性、民主性、激励性、差异性等多元评价的实施原则,让每一个学生都能感受到老师的关注、信任和期望,都能在充满真情的评价激励下,感受到成功的快乐,体验到成长历程的愉悦。

学校的教育对象是个性不一、不断变化成长的个体。个体的各具潜质,决定了每个孩子的独具特色的发展方向和发展速度是不均衡的。他们不同的气质、优势、喜好理应得到尊重与理解,学校要适应个体发展的差异性。鉴于此,近几年来,我校充分挖掘资源,不断补充国家、地方课程的内涵,还开设了多项具有台六特色、适合不同学生特点的学校课程,让学生们在自己喜欢的、擅长的领域经历体验、感受成功、尝试创新。多元智能评价与学校课程的紧密结合,大大激励了每一个孩子,使得台六学子个个有才艺、个个展特长。

实施篇

(一)倡导多元智能评价,着眼评价需求,激发成功体验

1. 评价奖项重在多元,激发自我发展潜能。以新课改理念为出发点,我校实施了"8+2"多元智能评价,设立了"8+2"多元智能小明星奖项。其中"8"为学校统一奖项,包括学习小博士、劳动小能人、围棋小国手等。"2"为根据班级特色或学生特点设立的个性奖项,所有学生在学期结束后均得到一至多个方面的鼓励性评价,获得"多元智能小明星"奖章。

2. 学科评价重在过程,落实学习能力生成。学校分学科在各年级进行了"语文闯关代币评价""数学超市换券评价"和"英语ABC积分评价",以发展的眼光去评价学生,促使学生更加积极主动地参与学科学习和探究活动。例如数学超市换券评价:教师根据学习内容,从计算、图形、概念应用、问题解决等知识领域设计不同层次的题目,学生像超市购物一样自由选择不同类型、难度的题目完成,根据完成的情况,获得不同价值的代币券。学生在平日学习中的课堂表现、课外研究性学习、各类竞赛获奖情况等,都可进行累积获券,获得"免试申请"的机会,或荣获"我最达人"称号。

(二)构建多元争章机制,着力品格培养,养成良好习惯

1. 改版评价手册,构建多维目标。我校尝试对小学生综合素质发展评价体系进行的改革,从2009年开始,学校一年级开始使用新的《青岛台东六路小学小学生综合素质发展评价手册》。改版的评价手册,主要从三个方面进行了调整:一是评价体系涵盖面广。增加了行为习惯、交流合作、社会实践等评价指标,并将这些目标根据学生年龄特点和学习生活实际进行细化,如"交流与合作"中的一条明确提出：与人说话态度诚恳、谦虚，语调要平和，听人说话耐心倾听，不轻易打断，神情要专注，通过小而实的目标使学生更容易理解、掌握和达成。二是过程记录生动多样。闯关、通关、升级的学科评价，伙伴之间的互相评价，学生家长的即时评价，涂涂画画的自我评价，学校评价的奖章激励，实践活动的照片展示等，这些多样化的形式，极大吸引了师生、家长积极参与评价过程，大家乐在其中。三是评价内容全程全面。为了促进学生的不断发展和进步，学校重视描述性评价，记录学生每天、每周、每月在学习、生活过程中的变化。

2. 发行文明护照，优化争章体系。近年来，为进一步提炼延伸多元评价成果，我校为每位学生印制发放了《博雅文明护照》。护照按学段分为两个版本，是台六学子言行举止的文明准则和表彰依据。最核心的评价内容围绕"学礼仪、爱公物、守纪律、献爱心、讲诚信、有担当"六个方面，由师生共同制定的台六学生文明细则，一至三年级采用儿歌的形式，内容朗朗上口；四至六年级以条目的形式呈现，阐述细致明了。自《博雅文明护照》启用后，全校学生都可以在老师和同学的见证下争获"博雅文明章"，累积在属于自己的文明表彰记录页里。学校依据学生争章数量定期认定"校园文明之星"。博雅护照里还确定了一系列特色趣味活动，用以表彰获得文明之星或进步大的同学，如阳光娱乐大本营、小小书迷游书海、特色夏令营等，激发学生积极争章的热情和奋发向上的生活态度。

（三）多方联动与多维发展，形成评价合力，提升综合素养

借助全员育人导师，凸显多元评价的人文性。学校建立了以班主任和班主任助理为主体的全员育人导师团队，重视导师团队建设，调动导师的积极性，使其广泛参与多元评价的策划与实施。班主任节中的《班主任漫画册》、致班主任家属的感谢函，"心灵鸡汤"心理疏导，团队拓展训练等，这些富有人文关怀的系列活动，极大地激发了导师团队的工作热情，更感动和激励每一位导师安心乐教，以爱育爱，传递人性，升华多元评价的丰富内涵。

搭建特色评价舞台，凸显多元评价的体验性。我校积极搭建各种特色评价舞台，释放学生积极向上的内在发展能量。如改革创新升旗仪式，由原先个体担任升旗手，变为自主申报。在某一领域或活动中表现突出的，组成升旗手团队，激励每个孩子走向成功。学校特别重视学生社团建设，积极创设平台，让孩子们充分展示才华，张扬个性。管乐团曾参加奥帆赛开幕并多次获得全国艺术

展演和管乐大赛金奖和银奖；科技社团学生在全国建筑模型竞赛中囊括别墅赛项目中唯一的两枚金牌和一枚银牌，这也是青岛市参与此赛事项目中唯一的两块金牌。为了给更多的孩子搭建展示平台，读书节中的童话故事会、艺术节中的动漫卡通形象秀、校庆系列活动中的徽标和吉祥物设计、儿童节的快乐儿童周、博才雅艺秀场、班级合唱展演等特色活动，更是炫亮了五彩缤纷的特色评价舞台。

创新家长参与模式，凸显多元评价的一致性。我校对家长参与教育的模式进行了大胆的革新。率先成立师生、家长、社会等多方代表组成的校务委员会。委员会下设膳食管理特别委员会、学生管理特别委员会、安全管理特别委员会等六个特别管理委员会，全力整合家庭教育资源和力量，建立家长教育资源库。学校还成立家长义工团，定期组织"亲亲宝贝"家长大讲堂、"家校共寻优"拓展评价、学科整合亲子活动等，让家长从不同的渠道、以不同的方式参与到学生的多元评价中来，感受学校对学生评价的精髓，从而使多元评价理念得以全方位的延伸与统一。

成果篇

"一枝独秀不是春，百花竞放春满园。"多元评价激励每个台六学子尽情展示着自己的博雅综合素养：天籁般的歌喉、优美的舞姿、灵动的绘画、玩炫的魔方、华丽的时装秀、AI机器人……无一不在诉说学生的幸福与快乐。全国巾帼文明岗、省规范化学校、省素质教育先进单位、市首批德育十佳品牌等累累硕果记录着博雅德育的闪光足迹，《中国教育报》《山东教育》等多家媒体，对学校多元评价工作进行了新闻报道。

教育是为了明天的社会培养人才的事业，每一个孩子都会经过今天的教育，去建设明天的社会。在今天的教育教学中，多元智能评价应学生们发展的需要，肯定学生、激励学生，帮助每一个学生找到自身的价值定位，引导学生演绎人生的意义。我们期待，当台六学子走遍世界各地时，多元智能评价的阳光将如影随形。

第五章
引领博雅管理多维深层变革

十年博雅教育的探索之路，也是学校管理不断创新变革之路。

我们的学校需要深度变革，最重要的变革就是把学校变成一所民主的学校。而要变成一所民主的学校，多元治理是非常重要的路径。

推动学校的发展最重要的资源是什么？我们认为不是钱，也不是物，而是老师、学生，还有家长的爱心、热情、智慧、勇气，这是办好一所学校最重要的资源。只有民主、开放、多元的学校管理才能激活这些精神资源。

好学校肯定是非常民主和开放的学校。教育最大的目的是培育人的主体性。让人敢于开拓进取、自强不息，有主见、有创造性，不盲目。博雅教育也特别强调，教育就是要把实现师生自我价值放在核心地位，教育要解放人的才能，挖掘人的创造力。

这些年来，我们把学校校务委员会的建设作为突破点，不断探索和完善学校的多元治理机制，逐步形成了"一体两翼"的管理框架，有力地推进了多元主体参与的民主化管理。学校作为一所岛城名校，一直践行着大教育观的博雅思想，积极用行动来促进区域教育高位优质均衡发展。我校率先尝试实施集团化办学，成为岛城第一所集团化办学的小学。集智共进，抱团发展，我们一起在努力……

那么，在多元化治理和集团化办学中我们做了那些尝试？有什么感悟和收获？

第一节 探索从"教育管理"向"教育治理"学校转型新机制

近年来,随着政府对学校管理权限的下放,学校自主办学的空间越来越大。学校是办学的主体,办学是学校自己的事情,自主办学成为学校发展的趋势。怎样才能做好自主办学?从教育管理走向教育治理,是必由之路。管理是垂直的,自上而下,一元单向。但是治理是多元多向,可以自上而下,也可以自下而上。管理的关键是控制,治理的关键是激活和合作。教育管理和教育治理虽然只有一字之差,但意味深长,它宣示了教育领域包括学校管理必须发生深刻的变革。

一、构建一体两翼框架,建立多元共治格局

当前,学校管理实行校长负责制,这一制度存在的突出问题之一就是社会参与学校管理不够,即教师、学生、家长和社会对学校管理的民主参与不足。这种状况,一方面让学校的管理缺乏活力,另一方面也抑制了各方主体参与学校管理的主动性、积极性和创造性。要解决这个问题,必须建立多元共治的格局,激活各方参与学校管理的热情,凝聚各方智慧共同推进学校发展。

几年来,我校逐步探索形成了"一体两翼"的多元治理框架。"一体"是指以校长负责制为主体,"两翼"分别是指教职工代表大会和校务委员会制度。教职工代表大会主要是解决协调学校内部关系,校务委员会则侧重协调学校外部的关系,构成辅助决策系统。我校充分发挥"两翼"的作用,广开言路,集思广益,开放办学,接受监督,多元治理效果显著。

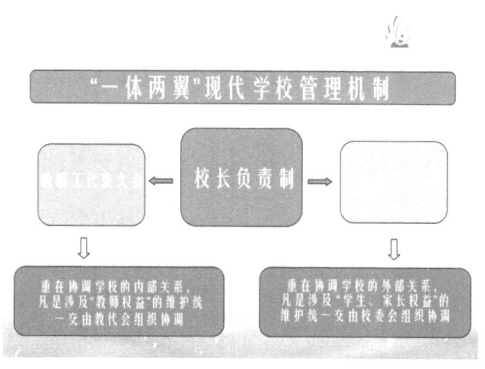

图 5-1 "一体两翼"框架图

一是学校非常重视教职工代表大会制度的建设。教职工是学校的主人,是学校发展的中坚力量。学校的管理和发展,要认真倾听教职工的意见和心声,要关心他们的切身利益,充分调动他们参与学校治理的积极性。没有教职工参与的学校管理,算不上是真正的学校治理。几年来,我校凡是涉及教师职称评审、评优评先、绩效工资调整、内部岗位设置、教育教学改革等一系列重大事项,全部都要通过教职工代表大会讨论、研究和表决,老师们主人翁意识明显增强。教职工代表大会对学校重大决策讨论的过程,既是广大教师认同学校管理思想和发展思路的过程,也是学校听取民意、集中民智、统一思想的过程,有利于学校重大决策在实施过程中顺利执行。多年来,我校召开教职工代表大会的程序严格做到依法规范,从教职工代表的选举产生到每年教代会召开的时间、次数和议题的确定;从教职工代表提案的汇总到提案的落实反馈都公开透明、公正合理,确保了教代会切实代表广大教职工的根本利益。

同时,我校还非常重视发挥党政联席会议、校长办公会议、学校行政例会、党支部委员会和全体教师大会的作用,充分调动全体干部老师积极参与学校的民主管理和民主监督之中,让人人成为学校发展和学校治理的主体。

二是学校积极探索校务委员会建设。2013年,我校在全区率先成立校务委员会,打破了学校管理相对封闭的状态,将家长、社区、社会力量引入到了学校的管理当中,让学校的管理更加开放多元。我校还修订完善了学校的《办学章程》,通过章程,明确规定了校务委员会的基本定位、基本职能和工作原则,保证校务委员会工作的合法性和权威性。

在实践中,我校不断完善校务委员会的工作制度、组织结构和运行机制,保证校务委员会能够正常运行和发挥作用。在此基础上,我校又创新了校务委员会的组织建设,在校务委员会之下设立了多个专业委员会,这些专业委员会主要涉及学生权益保护、政策法律法规、学校食品安全、教育教学管理等方面,学校可以把一些更专业、更微观、更具体的事务交由这些委员会去处理和协调,听取他们的意见和建议,让专业的人办专业的事,使学校的管理更加科学规范。

二、实施内设机构改革,推行"球形管理"

教育规划纲要指出:"教育要发展,根本靠改革。要以体制机制改革为重点,鼓励地方和学校大胆探索和试验,加快重要领域和关键环节改革步伐。"学校内设机构改革是我校积极探索建立现代学校内部管理体制的有益尝试,其目的是简政放权,充分调动以各个中心和年级为单位的教学实体的工作积极性。

基于我校人数多、管理半径大的实际情况,学校打破原来的垂直管理模式,逐步完善形成了"球形管理"模式。学校撤销副校长室、教导处、德育处、总务处等多个部门,设置四个"中心":党政服务中心、教师发展中心、学生发展中心和综合服务中心。静态下,几个"中心"之间平等相处,和谐共存,呈圆形状分布。动态下,一个中心接到承担项目,该中心就迅速成为管理的"球心",成为此项目的总指挥,全面负责项目策划、推进实施、总结反馈。学校还充分给予每个中心权力,可以按项目规划进行人、财、物的调配,为项目实施提供有力保障。"球形管理"模式,改变了以前部门单打独斗的局面,从而重组形成一个强有力的运行系统,确保管理畅通、快捷高效。学校不断加大"球心"的责任意识和担当能力,全面倡导"决策层"有谋略、有规划;"实施层"有措施、有办法;"接受层"有愿望、有行动。

多年的实践证明,内设机构改革将行政工作和教育教学工作相对分离,各中心和各年级集中精力抓教育教学,党政服务中心和综合服务中心集中精力为教育教学服务,理顺了学校的各类关系。同时,实施"球形管理"运行机制,不仅激活了各个"中心"和年级的发展潜力和智慧,而且使每一个部门之间形成了相互支持、相互助力的合作共同体,为推进学校的教育治理迈出了坚实的一步。

三、建立管理清单制度,保证权力阳光运行

学校管理清单制度,是将学校各个管理中心的职责和权力进行全面统计,并将职责和权力的清单列表公之于众,主动接受师生、家长和社会监督。它着眼于建设公开透明的权力运行机制,依法优化和公开权力运行流程,真正形成权责清晰、程序严密、运行公开、监督有效的机制,以有效地解决权力运行中存在的问题,促进各部门更好地为师生服务、为家长服务。

我校梳理学校管理权限清单,共有五大项39个制度列入了权限清单,涵盖了教育教学管理、干部教师管理、学生管理、财产财务管理等学校管理的方方面面。建立管理清单制度,为学校深入推进教育治理奠定了坚实的基础。

我校的管理权限五大项39个制度清单目录主要是:

一、教育教学管理权限

1. 学校校本教材开发

2. 学校课程开设

3. 学校调课、代课安排

4. 学校课程及教学改革项目确定

5. 校内教学成果认定

6. 学校对外合作

二、学生管理权限

1. 学籍管理

2. 转学

3. 缓学

4. 退学

5. 学生综合素质评价

6. 学生干部选拔

7. 学生评先评优

8. 学生处分

9. 学生资助

10. 少先队大队委员会选拔

11. 学生社会实践活动确定

12. 学生社团产生

三、干部教师管理权限

1. 内部机构设置

2. 中层干部选聘

3. 教师职务评审和聘任

4. 教师考核

5. 绩效工资方案制定

6. 教师评先评优

7. 教师处分

8. 教职工代表大会产生

9. 学术委员会产生

10. 干部教师国内外学习考察

四、财产财务管理权限

1. 学校经费收支管理
2. 学校经费预算管理、学校资产管理
3. 学校图书、设备采购
4. 学生装选购
5. 学校食堂管理
6. 基建项目招标和施工管理

五、其他事项

1. 学校发展规划和年度计划制定
2. 学校章程修订和规章制度制订
3. 学校重大改革、建设项目决策
4. 校务委员会产生
5. 家长委员会产生

我校实施管理权限清单制度,采取"一事一单"的方式,明确了管理权限的运行流程,通过分级授权、分岗设权,实现分级管理,形成对权力的制衡,保证了权力阳光运行。同时,我校在校园基建工程、食堂采购经营、学生校服选定、教师考核评定等重大工作事项上必须经由公众参与、专家论证、风险评估、合法性审查、集体研究决定等程序,按规定需经校务委员会、教代会、家委会等讨论通过的事项,在校长办公会决策前必须组织召开相应会议专门听取意见,通过规范议事程序,平稳、有序实现了校长权力的让渡,让多元治理成为学校管理的新风貌。

‖ 第二节　建设充满活力的校务委员会 ‖

学校的校务委员会成立于2013年,历经七年四届。自成立以来,学校始终致力于建设充满活力的校委会,使之成为学校多元治理不可或缺的一员。

一、厘清功能定位，厚植活力基础

"一体两翼"是学校的基本治理模式，即以校长负责制为主体，教职工大会和校务委员会为辅，其他工作制度有机配合。家长委员会通过校务委员会的家长代表参与学校治理。依据《青岛市中小学校校务委员会暂行规程》，校务委员会的功能可概括为"三权三功能"。"三权"：知情权、参与权、监督权；"三功能"：对学校改革发展方向的建议参谋功能、涉及学生、家长、社区重要事项的研究审议功能、学校与外界系统的沟通协调功能。校务委员会否决的事项，学校会对其可行性进行重新论证，如果确有必要实施的，学校会参考校务委员会的意见修改完善工作方案，再按规定程序提交校委会讨论。清晰的功能定位彰显了校务委员会在学校治理中的地位，成为其发挥作用的活力源泉。

我校还加强校务委员会基本制度建设，制定了《校务委员会章程》，出台了"委员产生、聘任改选、工作例会、议事程序、考核奖励、学习培训、总结汇报"等一系列制度，规范了校务委员会建设。校务委员会委员可凭《工作证》驻校办公，随时参与调研巡查，行使参与权、表决权和监督权，保障了校委会功能的发挥和工作的开展。

二、创新组织架构，激发治校活力

实践中，校务委员会构建了"一主多辅"的组织架构。即以校务委员会为中心，按职能分设六个特别委员会，分别负责安全、膳食、文化建设、政策法规等工作，由"一主一会管全"变为"一主多辅司职"。6个支委会直接与学校的相关职能部门对接，对于具备条件可立即解决的提案，由职能部门汇报校长后直接办理；复杂问题则按程序提交校务委员会审议，再报校长办公会研究决定。在这种组织模式中，支委会发挥着"传感器"和"筛选器"的作用。一方面，它是校务委员会与学校之间的"传感器"，犹如分布在学校各职能领域的神经末梢，弥合了校外委员与学校之间的时空断层；另一方面，它也是各种提案、意见和建议的"筛选器"，把简单问题解决在日常、解决在基层，大大提高了工作效率。对委员意见的及时回应，也充分地激发了他们参与学校治理的活力。如著名儿童文学作家、青岛市小作家协会主席张吉宙，对接教师发展中心，他提出的加强阅读教学的建议被采纳，举办了学生诗词大赛、读写大赛，全校积极开展博雅阅读活动，成效显著。

三、巧选校外代表,保障原生活力

七年的实践证明,选好用好校外委员是校务委员会的原生活力保障。校务委员会由学校领导、教师、家长、社区代表、政府部门人员、法律工作者、专家学者、社会知名人士等人员构成。每次换届时,我们始终遵循"主观意愿、客观条件、利益相关、职业相连"的原则,以学校为主导,站在家庭、学校、社会、政府各方利益的平衡点选出最合适的校外代表。家长代表通过家长委员会组织"海选"民主产生,力求让每位家长平等获得知情权和参与权。其他校外代表由社区、政府部门、共建单位等推荐产生。校长办公会在研究校外代表的人选时会充分考虑如下几个因素:一是委员对参与民主管理主观上是否有积极性,客观上是否有一定的时间保障;二是委员的职业和个人特长是否有助于学校特色发展,是否有助于协调校外关系;三是委员个人是否具备参政议政的能力,能否代表其所在利益主体的意见。

四、健全运行机制,催生自转活力

一是沟通机制,除定期召开会议通报情况、支委会日常工作对接之外,还通过驻校办公、网络群组、微信微博等方式帮助委员们掌握学校动态、关注教育发展、提升专业水平。二是表达机制,"提案制""议案制"并行,可以是委员们将意见建议提交学校讨论,也可以是学校提出议案组织委员商议审定。提案制,让委员们将自己发现的问题以书面形式形成提案,交由例会讨论;议案制,即学校就当前一个热点或焦点问题提出书面议案,组织委员商议审定。"两制并行"的运行方式,一方面让委员们的意见、建议顺畅地提报给学校,另一方面将学校的办学决策和重大事项及时传递给委员。三是评价机制,学校定期表彰优秀委员、评选优秀案例,激发了委员的参与积极性。四是反馈机制,定期走访委员所在单位,反馈其参与学校管理的工作量与工作成效,力争转化为个人工作绩效,或者成为其评优选先的参考依据。设立各种机制规范管理,犹如助推剂,有效催生了校务委员会这个公益组织的自转活动力,促使各方智慧转化为强有力的教育合力。

经过七年的探索,学校校务委员会逐步从"借力解困"走向"合力议事""增力共进",组织活力不断被唤醒、激发和增强。在这个过程中,我们也充分地认识到现代治理理念是一个最重要的前提,只有校长树立多元共治的理念,乐于开门办学、敢于让渡权力,校务委员会才能真正成为校长负责制的补充与完善,成为校长的另一种领导力。我校委会建设的经验做法被《人民日报》以题为《从"教育管理"走向"教育治理"》进行在篇幅报道。

附:学校校务委员工作案例

借智助力 "多方携手"破解学校"大难题"

我校地处青岛市最繁华的台东商贸圈。台东商圈是青岛寸土寸金的商贾之地,周边商铺林立,大型商场、小型商铺和小商贩众多,是青岛人休闲、娱乐、购物的好场所。然而在给人民群众带来极大方便的同时,却使得学校周边的环境变得十分嘈杂。主要存在两大问题:一是周边环境嘈杂,噪音严重影响学生上课和教师办公。学校南北校区门口狭窄的马路均为双向车道,极易造成拥堵,来往车辆经常不断鸣笛相互催促;周边商户的叫卖声、高音喇叭声、鞭炮声经常影响到临街的教室和教师办公室正常的教学和办公秩序。二是校门口的马路上常有车辆乱停乱放,挡住了学生们的上学、放学路。学生上、放学时在乱停放的车辆中穿行,经常不能及时看到过往的车辆,因此造成极大的安全隐患。这些问题成了困扰学校办学的"大难题"。针对这一老大难问题,我校决定问计于校务委员会。

一、周密计划,校务委员提前熟悉议题

会前,学校行政首先梳理出因周边环境嘈杂而影响学校正常秩序、造成安全隐患的两大问题,提出"怎样解决因周边环境嘈杂而影响学校正常的教学秩序"的议题,并通过电子邮箱将议题发给校务委员会成员,请他们提前熟悉和研究议题内容。议题发出后,学校还及时通过电话、微信、QQ等联系方式与委员们沟通,听取委员们的意见与建议。在委员们的建议、协调下,我校成功召开了校务委员会专题议事会。

二、精心组织,校务委员现场献计献策

此次针对"如何解决学校周边环境嘈杂问题"而召开的校务委员会专题议事会,不但有我校校务委员会成员参加,还特别邀请了人大、政协、交警、城管、

工商等单位领导列席会议。会上委员们畅所欲言,为解决学校的老大难问题献计献策。

副主任康洁指出,周边环境嘈杂的问题是一个困扰学校多年的老问题,严重的时候嘈杂的环境导致临街班级的孩子们不能集中精力听讲和思考,为此,家长的意见也比较大,学校此次提出解决这一"老大难"问题非常有必要。

委员杨海英提出,学校靠近马路的外围墙处是否可以加装隔音墙等设施。

委员由磊提出,学校周边乱停车现象,在学生上学和放学的高峰时间尤为突出。此外,由于台东地区道路原本就狭窄,学校门口的昆明路和阳明路又是双向车道,因此在错车时经常会导致拥堵现象的发生,建议交警部门加强调研,是否能将学校门口的双向车道变成单行线,或者改成步行街。

委员刘尚杰提出,由于台东商圈的业户众多,业主的素质也是参差不齐,管理半径大、管理难度大,因此需要各部门齐抓共管才能从根本上治理。

这些建议引起在座委员以及列席部门同志们的热议。最终,大家达成共识:学校周边环境嘈杂的问题是一个综合性问题,不是一个由学校单方面能协调解决的问题,因此需要充分发挥校务委员会的协调职能,呼吁各部门的综合治理来解决问题。

经过委员们的积极讨论,综合各位校务委员会委员的意见,最终校务委员会形成工作决议:

学校向区教育部提交请示,申请为靠近马路的班级和办公室安装双层窗。

请城市管理部门研究,考虑为靠近马路的围墙上设置隔音设施。

通过家长委员会向全校家长再次发出倡议,建议开车来接孩子的家长将车停在离学校 50 米外。

由委员由磊出面协调交警部门在学生上学和放学两个时间段加大对学校门口和周边乱停车辆的处罚和监管力度。同时配合交警开展校门口改单行线和步行街的调研工作。

由工商、城管执法以及街道三大部门联合下发通知,告知周边单位、商场、商户,学生在校期间,严禁使用高音喇叭、音响、禁止燃放鞭炮等。

目前,学校正按照校务委员会的决议分步执行落实,在委员由磊的积极协调下,交警部门每天分早、晚两个时间段对在学校周边乱停、乱靠的车辆加大了处罚和管理力度,使由于车辆乱停影响学生放学的情况得到缓解。

本学期，学校在教育局的指导下成立了由学校领导、教师代表、家长代表和社区代表等多方人员组成的"校务委员会"。作为学生重大事务的决策机构，校务委员会在学校管理中充分发挥了咨询和建议、宣传和协调、审议和决定的作用，在参与学校管理，顺畅家校关系，补充教育资源，叠加管理智慧上起到了积极的推进作用。此案例，就是针对学校在办学的过程当中遇到的难点问题展开的研究，校务委员会在此项工作中充分发挥了其工作职能，不但为学校的发展贡献了智慧，也充分发掘了委员各自的特长，解决了学校的难题、推动了学校的发展，同时也发挥了委员自身的价值。

第三节 凝聚家委会智慧推进博雅教育

学生的成长是学校、家长和社会的共同责任。家长委员会是学校各项管理工作中不可或缺的重要组成部分，它是学校、家庭、社会三者之间沟通的桥梁和纽带，是整合校内与校外资源重要的有效形式，在实施博雅教育中起着重要的、积极的角色。

一、成立三级家委会，搭建家校连心桥

《国家中长期教育改革和发展规划纲要》明确要求："建立中小学家长委员会，要充分体现其参与学校民主管理的权利与义务，家长享有对学校各项工作充分的监督权、知情权、参与权和评价权。"这为我校家长委员会的建设提供了充分的政策依据。为加强家长委员会建设，我校采用班主任推荐、家长自荐等方式，通过民主选举成立了由热心学校工作、关心孩子成长并在社会上具有一定影响力的家长，组成校级、年级、班级三级家长委员会，为家校共建工作奠定了坚实基础。

学校班级家委会的成立是在各班家长自愿填报申请表的基础上，由班主任组织班级全体家长通过无记名投票选举产生，一般由5名成员组成，在此基础上推选一名班级家委会主任；级部家委会则由本级部各班推选出的家委会主任组成；校级家委会的产生则是由学校组织各班家委会主任及教师代表召开换

届选举大会,通过自荐、述职、投票确定校家委会主任、副主任及委员名单,学校颁发聘书。自各级家委会成立以来,我校健全和完善了家委会各项制度,划分职能、明确职责、保障委员的权利与义务。校级家长委员会成立了多个部门,包括学习部、生活部、活动部、宣传部、财务部等。为了更好地履行委员们的职责与义务,真正实现他们对学校工作的参与权与管理权,我校各职能部门分别安排一名干部在日常管理工作中与家委会各部门负责人进行,邀请他们共同参与学校管理,研究探讨活动方案、组织协调实施过程,有效促进家校双方更好地开展工作,真正实现民主管理的对接。同时,借助学校微信企业号加强了家委会微信群、QQ群的建设,使得学校和委员们的沟通更为顺畅,实现了信息层层传达、上下沟通无障碍,切实发挥家长委员会在学校、家庭、社会教育间的桥梁和纽带作用。

为落实评先、评优机制,我校定期开展"博雅优秀家长"评选表彰活动,整个过程由家委会全程参与,使其能够发挥示范、辐射、带动作用。此外,学校还将家长满意指数纳入教师工作考核体系,期末组织家长对任课教师进行评议,测评内容包括教师教学、工作态度、安全管理等方面,真正让家长掌握话语权。

二、定期换届选举,凝心聚力携手同行

为打造家校联盟,共谋学校发展大计,共商育人良方,我校按照《青岛台东六路小学家长委员会章程》,定期举行校级家委会换届选举大会,邀请全校各班家委会主任及家长代表共同参与。

换届选举大会上,先由上一届校级家委会主任做家委会年度工作报告,随后通过自荐与推荐的方式,选出新一届家委会候选人提名名单,全体代表通过投票的方式推举产生新一届学校家长委员会成员。学校领导为新一届家长委员会委员颁发证书,希望全体委员履行职责,发挥特长,积极参与到学校管理中来,为家校合作提供更易于家长接受的思路、更科学的办法,让家校密切合作、加强沟通。

校级家委会换届选举充分调动了家委会成员的主动性和积极性,为学校发展、管理水平提升注入了新的能量。委员们纷纷表示要携起手来,共同关注学校的发展,实现家委会工作常态化、制度化、主题化,着力推进家校共育,共创学校的美好未来。

三、驻校办公常态化,激活学校日常管理

家委会驻校办公犹如一面镜子,让我们可以从另外一个侧面审视学校的教育工作,及时发现问题和不足,从而更好更快地补齐工作"短板",推进学校博雅教育工作顺利开展。

为保障家委会驻校办公工作的顺利开展,我校专门设置了独立的家长委员会办公室,配备日常办公用品,并安排专人负责与家委会委员进行日常工作对接、沟通、交流,以便更好地发挥家长委员会的工作参与权、知情权和监督权。家委会代表走进学校、走进课堂,走近学生和教师,认真完成驻校办公的"六个一"工作,即一次校园安全巡查、一次课堂教学观摩、一次学生午餐管理、一条合理化建议、一次与学生们谈心、一次与教师们交谈,并填写《家长驻校办公活动记录册》,发现亮点、查找问题、提出建议,同时及时跟踪学校整改措施落实情况,从而激活学校日常管理,有效的凝聚学校、家庭之间的管理智慧。

一位随堂听课的委员在《家长驻校办公活动记录册》中写道:"真切体会到了课前预习的必要性,深感不预习没法跟老师有效互动,学习效果肯定会打折。以后一定要让孩子在家养成预习的习惯,只有预习充分,孩子才能在课上更有效地跟老师学习,也会学得更有自信。"

一位委员把实地参观考察学校食堂的情况在家长群里逐一反馈:"自己的孩子每天在学校吃什么,吃得好不好,饭菜是否卫生,这些是家长们最关注的事情。耳听为虚,眼见为实,今天的家委会陪餐,让我有机会走进后厨,查看厨房设备、查验操作人员健康证、进货单据、配菜制作过程,这干净整洁的后厨卫生,规范严格的操作流程,着实让我们放心,为学校点赞!"他的分享,得到了未到场家长们的纷纷点赞,感谢学校为了学生的健康成长所做的各种努力。

与此同时,委员们立足学生全面发展进行思考,结合家长会、学校开放日、校长调研日、教学开放周、学生大型活动等,充分发挥他们的职责与作用,在参与过程中进行探讨、交流、质询,并形成提案以书面形式提交学校。学校会认真梳理每份提案,并进行总结提炼,全面调研,寻找更有效解决方案,逐一对接答复,形成了家校相互贯通、双向互动的良好工作格局。家委会的金点子提案,为学校博雅办学提供了更加清晰的办学方向与思路,为学校发展注入了新的活力。

邀请家长全方位地参与学校日常的管理工作,使之成为学校有力的同盟军,不仅提升了家长关注学校、参与学校活动的积极性,同时也促使家校关系更加融洽,为家校共育"博雅学子"起到了有利的推动作用。

四、出谋划策同商榷,现场招标严谨规范

校内第三方托管聘哪家教育机构驻校服务?学生课间奶喝什么品牌的最放心?学平险用哪家最便捷高效?……每当遇到这些事关每位学生、家长切身利益的事情,学校都会总牵头,由校级家委会主导,进行现场公开招标。

我校课后校内托管已经扎实、有序地开展了多年,妥善解决了部分家庭学生放学后无人看管的难题,周到细致地服务一直受到家长和学生们的高度认可和一致好评。目前校内托管共有两种形式,即由学校教师免费看护的校内基本托管和由家委会组织招标引入的第三方机构托管。第三方托管机构招标工作分为三步走,第一步:托管意向摸底,基本共识达成。校家委会首先通过微信群,向各班征集本学期拟在校托管的意向名单,作为基础数据,供集体讨论决策参考。在开学前第一次会议召开,对新学期学校托管事宜进行重点讨论,对招标文件的修改、托管班级的设置等问题达成共识。第二步:发放招标文件,现场评审投票。家委会通过前期实地考察,向意向投标单位发放招标文件,告知投标注意事项。招标当天投标单位进行述标,校家委会全体成员审核投标文件并进行评议等环节,最后以匿名投票的方式确定本学期在校托管的服务单位。第三步:签订托管协议,托管正式启动。托管服务单位确定后,校家委会让托管服务单位把托管服务收费明细、服务内容予以整理,提前发到家长,让家长们有清晰的了解。最后,托管服务单位与托管意向家长签署合同,校家委会成员全程协调,以保障整个过程有秩序进行。

公开、公正、透明的招标会充分体现了学校落实家长参与学校重大事项决策的制度。家校之间的彼此配合与协作,推进了各项工作的开展,也得到了家长的广泛认可与信任。

我校充分发挥家委会的作用,凝聚家委会的智慧,使家长由"客体"变为"主体",由"被动"变成"主动",充分发挥了他们的各项权利,使他们成为参与学校教育改革的重要力量,协助我校解决各项管理中的实际问题,为学校博雅教育发展献计献策,大大提升了家校合作的实效性。

第四节　创新实施博雅育人导师制

教育的根本任务是立德树人,立德树人就是培养有品德、有修养的人才。我校在实施博雅教育的实践探索中,始终坚持以立德为根本、以树人为核心,把立德树人贯彻到学校工作的各领域、各方面、各环节中,培养学生良好的道德行为和道德素质,培养学生的核心素养,引导学生学会做人、学会学习、学会生活。

从2015年开始,我校开始实施全员育人导师制。全员育人导师制是学校教职员工全员参与德育、全面关心学生健康成长的一种协同育人机制。实施全员育人导师制,有利于落实教师教书育人"一岗双责"的要求,有利于建立明确的、固定的新型师生关系,更有利于促进学生全面而个性化的发展。五年来,我校一直在实践中探索总结,形成了独具特色的"全人员育人""全过程育人""全领域育人"的多元育人体系,用心灵培育心灵,提升了德育工作的针对性和实效性。

一、全员育人导师制的主要特点

我校全员育人导师制的主要特点是"三全五导"。

"三全",即全人员、全过程、全领域育人。"全人员"育人体现为所有的教师都担任导师,采用"1+N"的形式,一位教师负责所教班级的8~10名学生,对自己所负责承包的学生进行指导,对学生成长进行全面呵护与帮扶;"全过程"育人是指导师的育人工作贯穿于学生学习、生活的始终,学生在校期间所有的时间,都是导师管辖的时间范围,甚至学生在家的时间也属于导师的管辖时间;"全领域"育人具体表现为从校园生活、课堂教学、到家庭社会的教育等领域,全方位开展育人工作。

"五导",即思想引导、学业辅导、心理疏导、生活指导、成长向导。

思想引导。导师要时刻关注学生的思想动态,特别当学生孤独、痛苦、自卑、胆怯、迷茫时,及时给予鼓励、安慰、开导和温暖,及时解决学生思想上问题,给学生树立信心和勇气。要注意把正确思想教育放在育人首位,引导学生形成良好的思想道德品质,积极践行社会主义核心价值观,树立正确的世界观、人生观和价值观。

学业辅导。导师要指导学生合理制订学习计划与发展目标,定期分析受导学生学业情况,发现问题,提出建议,采取措施,激发学生学习动力,端正学习态度,培养良好习惯,改进学习方法,提高学习成绩。

心理疏导。通过个别谈心、座谈等多种渠道及时了解学生心理状况,疏导学生不良情绪,化解学生心理压力,引导学生正确对待成长中的挫折和烦恼,激发学生自尊、自重、自爱、自信意识,培养学生拥有阳光心态和健康向上的精神风貌。

生活指导。经常性与学生家长沟通,了解掌握学生在学校和家庭的生活情况,指导学生科学合理地安排日常生活,养成良好健康的生活习惯,同时,导师要力所能及地帮助学生解决生活中的困难。

成长向导。帮助学生分析自身优缺点,全面认识自我;明确发展方向,不断完善自我;确立成长目标,真正实现自我。根据学生个性特点,做好学生生涯规划指导,为学生的终身发展引路和奠基。

二、全员育人导师制的目标任务:

全面落实"一岗双责"制度。引导全体导师认真履行教书育人职责,教书是手段,育人是目的,将"传道"与"授业解惑"统一起来,关爱每个学生的健康成长,争做"有理想信念、有道德情操、有扎实学识、有仁爱之心"的"四有好老师"。

促进学生全面成长。坚持以学生为主体,以教师为主导,构建民主、平等、和谐、融洽的师生关系;坚持把促进学生健康成长作为学校一切工作的出发点和落脚点,营造学生人人受关爱的良好育人氛围,引导学生做学习和生活的主人,培养学生人格健全、行为自律、学习自主、生活自理、心理自强的良好品质。

拓展全员育人渠道。充分发挥学校育人的核心、示范、引领、辐射作用,不断拓展全员育人的渠道,积极发挥学校家委会优势,广泛吸收社会育人资源,壮大育人导师队伍,建立健全"多位一体"的联合育人模式,不断提升育人实效。

形成全员育人特色。评选出一批育人效果突出的典型案例、示范班级、优秀模式,建立一套全员育人的工作机制,探索形成我校基础条件保障有力、组织管理规范有序、育人品质持续提升的全员育人体系。

三、全员育人导师制的主要做法:

在实施全员育人导师制的过程中,我校主要从以下三个层面开展工作。

（一）学校方面

制定完善《全员育人导师制工作方案》，明确了组织管理、导师职责、工作流程和实施办法等基本要求。学校向学生提供所在班级的任课教师名单并向学生公布任课教师的信息资料，让学生了解各教师的情况。在此基础上，学生根据自己的需求选择可能对自己帮助最大的教师，初步产生导师名单。学校在充分尊重导师和学生的前提下对师生的互选做适当调整，最后确定导师与学生，真正实现了"在岗教师人人做导师，在校学生人人有导师"。导师要结合每一个学生的情况，制定有针对性的帮扶计划，为全面开展全员育人工作奠定良好的基础。学校为每一位导师都建立了联系卡，通过家访的方式将联系卡送到自己帮扶的学生家长手中，让学生和家长都明确自己本学期的成长导师是谁，为今后与学生、家长的深入交流指导做好了准备。

（二）班级方面

各班要建立师生双向交流制度和班级学情会商制度。导师要每两周至少与学生个别交流一次，班主任与学生成长导师两周研究一次"学情"，互相交流每位学生近期的思想、学习、生活等情况，有利于导师帮助学生制定切实可行的计划，提高导师工作的针对性。各班要定期召开主题班会。导师围绕既定主题进行安排部署，引导班干部和学生积极参与，组织师生互动交流。这种互动式的主题班会，一方面提高了学生的参与度，另一方面增进了师生的感情，提升了育人效果。

各班还要定期组织活动课。活动课各有侧重，有时为师生谈话，有时为体育活动，有时为研究性学习，有时为励志游戏……活动内容丰富多彩，在活动中充分发挥德育功用，促进学生良好意志品质的养成。导师和学生全程一起活动，有些活动要定期比赛，导师也参与比赛过程中。各班要写好班级日志。让学生写班级日记，记录班级和学校的大事，通过班级日志导师可以了解班级情况，进一步掌握学生的动态。学生在班级日志中可以通过记录班级和学校的大事，表达自己的观点和见解，树立正确的人生观和世界观；也可以记录班里的小事小情、点滴事件。同时，书写班级日记也可以提高学生的审美和是非判断能力，从而提升学生的思想境界。

（三）导师方面

导师要全方位关注学生成长，每周导师要参与日常活动，并与"典型生"进行面对面交流。学校下发了育人《导师工作手册》,通过多渠道培训导师们明确"五导"的责任,定期邀请著名心理教育专家、优秀班主任等为导师进行专题讲座,提高导师的育人水平。同时,导师要利用课堂教学适时对学生进行德育教育。课堂教学是德育教育的主阵地。在学科教学过程中,导师们要从大处着眼,从小事抓起,提升育人理念,落实好立德树人的总目标。

其次,导师要重视培养学生学会学习。学会学习、创造性学习是学生核心素养的内在要求,也是学生核心素养的具体体现。为了使学生真正成为学习的主人,导师们要做好激励、引领、点拨工作,实现学生在课堂上的自主、合作、探究学习,打造民主、团结、协作的课堂文化,培养学生正确的价值观,科学的思维方式和优秀的品格等核心素养。

导师还要与所有受导学生的家长建立微信群,及时与学生家长交流沟通,向家长汇报介绍孩子在校情况,报告学生在学校所取得的成绩,对学生的优点及时表扬鼓励,对学生出现的问题,争取家长配合及时给予解决。导师每学期要对所有受导学生进行一次家访,全面了解学生在家里的学习和生活的真实情况,以便开展针对性的教育。我校每学期召开一次家长和导师的见面会,通过家校联合,助力孩子成长。

"教师人人当导师,学生个个受关怀。"育人回归教师工作的本源,是保障学生身心健康发展的关键,做好育人也是教师感受职业幸福的钥匙。职业幸福的源泉就是不断播种爱,收获爱!学生的自由、个性、全面发展,需要养料的滋养,导师的关爱和引导就是恰到好处的养分。随着博雅教育的深入实施,我校将不断探索德育教育的新途径、新方法,使学校德育工作再上新台阶,为培养身心全面发展,具有较高综合素质和能力的合格人才而努力!

‖ 第五节　以发展为本搭建学生自主管理平台 ‖

近年来,我校少先队工作注重开放自主的管理、传承创新的活动、多元体验的实践,努力让孩子们在自主管理、多元体验中全面健康地成长。

一、开放自主,让管理回归童真

学校积极营造充满童真的氛围,引导队员在自主、开放的管理中实现自我教育。

(一)管理理念重开放

我校以队员为主体,从尊重队员的意愿、发挥队员的智慧出发,在管理上尝试从传统的辅导员单一管理向开放的多元模式转变。例如,我们以升旗仪式为突破口,推陈出新:主持人由教师变为学生,把话筒交给孩子;升旗手由班级轮流选出的一个队员变为在学校表现突出的一些团队,激励更多的孩子走向优秀;颁奖嘉宾、国旗下讲话由领导变为教师、家长、校外辅导员和队员。这种管理理念的开放,换来的是队员自主性、能动性和创造性的不断彰显。再如,在优秀队员的宣传上,我们同样注重开放。少先队评选的"礼仪小标兵"每天佩戴绶带,站"礼仪岗"展示风采,学校LED屏滚动播放小标兵的事迹,由队员投票评选"感动校园人物""博雅百佳明星"等,使每个队员在评选和学习的过程中不断完善自我。就连为校园明星制作荣誉册,我们也不忘留下开放的空间,特意在首页预留空白的"期待页",期待队员们再次实现梦想时,在上面贴上照片,把它送回校史馆,以此激励孩子在以后的人生中不断追求、超越自我!

(二)管理形式重自主

我校努力为队员创设参与学校管理的契机,把适于队员做的事务全权交由他们经营打理。例如,对经常在阶梯教室举行的专家专场报告会,我们不再指定级部指定班级参加,而是由少先队宣传部张贴宣传海报,队员们根据自己的需求、爱好来自主选择和参加。目前,少先队已成功举办了"辫子姐姐交流会""海洋科普知识会"等13场校级报告会。我们还尝试每月举行一次完全由队员自己主讲的"好书推介会""我的学习法"等队员专场报告会,深得孩子的推崇和喜欢。多变的自主管理形式也进一步激发了队员的潜能,增长了队员的才干。在环境建设、阵地建设等方面,我校在统筹规划的基础上,为队员创设了"校园文化长廊""中队魅力展板""星光舞台""博雅书吧"等多个自主参与的版块,由学生自主竞标、自主创意、自主设计,真正做到让孩子们自己说话,说孩子们自己的话。

二、传承创新,让活动散发童趣

我们用内容丰富、主题鲜明、充满童趣的少先队活动影响、引领儿童健康发展。

(一)注重"传统经典"深加工

我校少先队紧扣传统节日开展主题教育活动,做到年年有延续,节节有深化。以"儿童节"为例,我们一改原来单一的文艺庆祝演出,先后举行了"图书交换大集""校园创意大赛""博雅少年颁奖典礼",为全体队员搭建体验创新、施展才华的舞台。近年来,我校更是直接改"六一儿童节"为"六一儿童周",设计了外出春游踏青、儿童小剧场一周连放、40个游戏随心玩、无作业周、半天社会实践等更贴近儿童天性的活动,充分尊重队员的选择,把怎样过节的权利完全还给孩子。再如教师节,队员创新活动,自主创意策划了"制做一张贺卡,送上真诚祝福""写好一周作业,就是珍贵礼物""搭建祝福之路,倾诉难忘师恩"等有意义的活动。灵活多变的策划越来越贴近儿童的身心,赋予了传统节日新的内涵和道德濡染效用。

(二)注重"校本活动"再创造

在少先队校本活动的推进中,我们认识到只有创新才能充满生命力,因此努力做到月月有主题、节节都不同。以"安全教育"活动为例,我们从组织逃生演练、举行主题队会、举办专家讲座,到筹划建设了校园"安全教育体验基地",再到队员自绘便于随身携带的《安全教育口袋书》,校本特色日渐形成。为了使安全教育更有成效,我们举行了征集安全名言警句、创编安全拍手歌、绘制安全教育百米长卷、演出安全教育自编剧目等主题活动,一系列孩子喜闻乐见的活动,把呵护安全和珍爱生命的种子深深植入孩子的幼小心灵,不断提高了孩子们的安全自护能力。

三、社会课堂,让队员们难忘童年

少先队工作在学校工作中最贴近孩子的心灵,肩负着为孩子创造七彩童年的神圣使命。少先队活动理应和队员的生活连接,把教育过程还原为队员生活和成长的过程,这才是孩子最难忘的童年。

（一）社会体验行动

少先队经常组织队员走进广阔的社会天地，在体验和探索中培养队员的协作精神和创新能力。我校组织队员到附近高校进行科学观察实验；到少年科学院、科技宫进行动手操作实践；到老街里、糖球会进行研究性学习……丰富的社会实践促进了知行的和谐发展，丰富了队员的童年生活。去年，我校承办了市北区"创城我有责·全家来承诺"等活动，以队员的实际行动引领一个家庭走向文明，在家校互动中放大了教育效应。

（二）爱心奉献行动

爱心教育是少先队教育的主旋律。学校通过多渠道的爱心活动，教育队员从小回报社会、回报他人，让关爱之花不断润泽队员的心灵。如组织队员到敬老院、空巢老人家中送祝福，到社区送春联，让爱心在队员的心中生根发芽；结合"汶川地震""南方雪灾""新冠病毒防控"等重大事件，开展"携手同心度难关"等活动，增强学生的社会责任意识；结合"端午节""母亲节"等传统节日，培养孩子尊敬长辈、知恩图报的美德。我们还紧跟时代脉搏，结合建国、建党纪念日等重大节日，开展"学党史、唱赞歌""今昔对比话改革"等活动，教育学生感恩祖国，珍惜今天。

多年来，我校少先队工作，以全方位服务队员成长为宗旨，不断搭建适合队员全员、全面、富有个性发展的平台，逐步完善形成了激发队员参与的自主管理机制，促进了队员们健康快乐成长，让鲜艳的红领巾更加精彩飞扬！

第六节　实施项目管理　创建优质教育集团

2011年，市北区教育局高瞻谋略，成立青岛台东六路小学教育集团（以下简称"台六集团"），是岛城第一所实施集团化办学的学校。经过2014年、2016年和2019年多次扩容，目前集团拥有青岛台东六路小学、青岛海逸学校、青岛洮南路小学、市北区第二实验小学、青岛普新小学五所成员校，拥有300多名专任教师，66个教学班，3 200多名学生，是目前市北区规模最大的教育集团。

几年来，我校积极探索集团化办学新模式，构建"扩优"+"创优"的双优推进机制,集智共享,组团发展,推动五所成员校高定位发展、创新性生长,实现资源效益最大化,构建优质学校发展群。

一、建立集团管委会　项目管理　文化共融

集团创新管理体制,通过项目引领、人才流动、文化融合,既扩大了集团特色,又调动了成员校的参与积极性,实现了办学思想的共融,让每所学校都成为集团发展的主体。

1. 项目负责,校校成为发展主体

台六集团五所成员校各有自己的法人代表,五个校区相距比较远,如何将这种松散型结构的集团运作好是集团管理的最大难题。2014年,集团率先尝试成立了"台六集团管委会",实施项目管理,分工合作,以项目管理为抓手创造性开展工作。管委会下设"师资管理""教学研究""学生发展""课程建设""校园文化"五个支委会。定期举行议事会,通过议事会统一集团内管理者的思想,共谋集团大事,共商集团发展。集团经常组织成员校进行工作交流互访,形成"2+2+2"集团工作意向,即在集团管理层方面,管委会每学年召开集团重要事项研讨会和集团重点项目实施总结反馈会2次会议;在集团教师管理方面,每学年举办课堂教学交流互访和校际教师柔性交流2次校际交流活动;在集团学生发展方面,每学年举行集团学生体育节和文化节2项大型节日活动。每个支委会根据自身优势承担重要工作项目,以项目管理为纽带,将各成员校紧紧地联系在了一起。

2. 人才流动,盘活教师资源

集团5个成员校中有3个是新建校,面对集团内新建校数量多的情况,在每个学校成立之时,核心校总是第一时间给予人力的大力支持。在区教育局的协调下,核心校共有7名中层以上干部输入到成员校,参与管理工作,更好地推进了校区间教育理念的互通和融合。每学年的教师交流,核心校都会鼓励本校骨干教师将集团内学校作为第一交流意向,齐鲁名师徐亮等5人交流到市北区第二实验小学,青岛市教学能手陈文正等9人交流到青岛海逸学校,市北区优秀班主任徐祯等5人交流到青岛洮南路小学,占总交流人数的34%。同时,针对个别成员校教师短缺的困境,核心校还多次选派优秀教师进行为期一年的借调,充实师资队伍,参与课堂教学。优秀骨干教师的集团内交流,极大地充实了各成员校师资力量,提升了教育教学水平。不仅如此,集团内还实施教师柔性

交流,为期一周到一月的交流让各成员校的教师在不同校区顶岗置换。这些措施更好地盘活教师资源,让各校区思想融通、理念融合。

3. 文化输出,互通管理理念

除了人力支持,集团还加大软件配备。青岛普新小学建校之初筹备时间紧,学校文化、管理制度、课程创建等面临诸多困难,核心校迅速派出分管校长,将学校的经验做法毫无保留地分享,使得新建校迅速形成本校理念和特色,让核心校的办学文化实现集团内交融互通。市北区第二实验小学第一年招生,教师配备还没有到位,核心校派出教导主任和十几名富有经验的教师,顺利圆满地完成市北区第二实验小学的招生工作。

今年,在进行三定一聘、薪酬改革等重要工作时,各成员校总是共同商议,保证关系教师切身利益的重要改革平稳推进。管理上广泛沟通、随时交流,加强了办学理念契合,增进了校际合作友谊,逐步形成情感共通、智慧共享的精神共同体。

二、挖掘集团内资源　联合教研　组团发展

集团整合各校学科资源、名师资源、设施资源等实行集团内共享、共同集备、同步教研、联合培训,打造资源共享、文化共融的学习共同体。

1. 打造名师工作室,共享名师资源。

集团内拥有多位市区名师和骨干,为了发挥名师带动与辐射作用,2014年成立台六集团名师工作室。名师工作室涵盖语文、数学、音乐等多个学科,名师资源覆盖了整个集团。工作室充分发挥名师和骨干教师的作用,统筹做好集团内的骨干教师培养计划,带动有潜质的优秀中青年教师的专业发展,为集团内做好骨干教师和名师储备。除了邀请全国、省市级专家到集团内对名师工作室发展进行指导外,集团还从研究经费、培训经费、办公环境、课时安排、绩效考核等多个方面提供政策支持,为名师营造良好的研究氛围。同时名师工作室发挥引领带动作用,组织集团成员校举行学科闯关竞赛,统一命题,统一检测,统一调研分析,查找问题,改进教学,提高效率。

2. 同步常态教研,扎实教学根基。

集团聚焦教学重点,集团教研常态化。本学期部编语文教材全面启用,为精准把握部编教材基本理念,集团邀请课程专家面对面解读、骨干教师上观摩课等系列学科研训活动,帮助集团教师把握新教材的教学方向。针对新建校科

任教研力量薄弱的问题,集团迅速召开联合学科教研,集团内名师上示范课,并进行课例分析、现场答疑,毫无保留地为新任教师提供中肯而有价值的教学建议。集团借助互联网优势,建立了连接不同校区的网络直播平台,突破校际距离障碍,开展集团内网络化日常教研。

3. 联合主题教研,集合教学智慧。

集团举行"教育智慧分享会",在各校区开设学科专场,2016年在青岛海逸学校举行数学专场教研,以"深度学习"为主导,夯实学科基础知识;2017在青岛洮南路小学开展语文整本书阅读分享会,加大阅读深度研究,拓宽阅读半径,加强文化浸润;2019年在青岛台东六路小学召开综合学科精品课例展示,多校联动、同课异构、异课共研、经验介绍、典型发言等联合教研,让集团教学力量迅速提升。

几年来,集团教师专业素养逐年提升,成果斐然。集团内教师1人被评为全国优秀教师,4人评为"齐鲁名校长""齐鲁名师""山东省教学能手",经验辐射全区。在名师引领带动下,一大批中青年教师脱颖而出,呈现出欣欣向荣的良好局面。

三、搭建集团内平台　活动一体　百花齐放

集团一直以来将培养学生核心素养放在首位,集团各成员校共享教育基地,联合学生活动。既强强联合,而又个性鲜明,呈现出蓬勃向上的局面。

1. 共建特色课程,倡导个性发展

课程建设中,集团各成员校优势互补、合力研发。青岛海逸学校和青岛普新小学都靠近港湾,得天独厚的地理位置使得他们拥有开展海洋研究的便利条件,因此两校充分发挥优势打造了具有海洋特色的校本课程"小港湾的变迁"和"航运课程",互相借鉴学习;青岛台东六路小学和市北区第二实验小学联手打造基于科学素养提升的学校课程,并结合不同校情和学生能力,开发了"创课程"和"STEAM项目式实践课程"。同时,各集团校课程和而不同,百花齐放。市北区第二实验小学的"全科阅读"课程、青岛海逸学校"戏剧童年"课程、青岛洮南路小学"心灵SPA"课程、青岛台东六路小学"合课程"等都已经形成了鲜明的特色,经过几年打造,集团内有五门课程被评为青岛市精品课程。这些优质课程资源互通、经验交流,实现优质教育资源的共享,逐步形成集团优质课程群,进而惠及集团内所有学生。

2. 培育综合素养，绽放艺术风采

2018年青岛市教育局发布"促进中小学生全面发展十个一项目行动计划"，集团管委会迅速行动，各成员校共同研究集团落实工作的措施，制定推进工作进度表。并于2018年12月在青岛洮南路小学举行集团"践行十个一"现场观摩活动，各成员校介绍了各自富有特色的经验做法，并现场观摩青岛洮南路小学"十个一"学生素养汇报专场。今年青岛台东六路小学又承办了青岛市"十个一"创新音乐现场会，筹备过程中各成员校艺术教师全部参与，全力准备，现场会得到市体卫艺处和市教科院领导的高度评价。

集团多次举行师生艺术作品巡展、周年庆典、新年音乐会等艺术活动，在青岛海逸学校、市北区第二实验小学、青岛普新小学等不同校区进行展示交流。活动前各成员校总是统一筹划、精心排练，邀请集团内家长、学生共同参与，更好地展示了集团学生娴熟扎实的艺术技巧、全面深厚的艺术素养。

3. 同步体育活动，激发运动兴趣

集团推动运动一体化，先后在国信、弘诚体育场举行集团田径运动，青岛海逸学校的跆拳道、青岛洮南路小学的哑铃操、青岛台东六路小学的空竹、市北区第二实验小学的武术操等体育特色表演，展现出集团体育活动实施的成果。各成员校运动员们团结一心、奋力拼搏的运动精神，展示了蓬勃向上、阳光乐观的精神面貌。

每年学生体质监测，五个成员校同步规划、同步进行、同步反馈。在青岛市和市北区体质监测中，各成员校抽测学生均全部合格。集团定期开展跳绳、踢毽子、传统老游戏等趣味体育运动，周周有主题，月月有竞赛，激发学生运动兴趣，大大提升了运动实效。

正如台六集团的团歌《超越梦想一起飞》里所唱的，"超越梦想一起飞，我们需要共同面对"！目前，台六集团已经呈现"集团融合发展，教师团队和谐，学生健康成长"的发展态势，每一个成员校都深切地感受到集团发展和本校发展息息相关，每一个成员校都成为集团发展改革的主力军，逐步实现从"推优""创优"走向"共优"的良性生长模式。集团活动也多次在各级各类媒体上报道。未来，集团中的每一位成员都将凝心聚力，在集团化办学的道路上积极探索，努力办好家长满意的教育，共同实现集团名校化的目标！

第五章　引领博雅管理多维深层变革

第七节　盘活名师资源　引领教学高位发展

青岛台东六路小学教育集团拥有五个成员校,各成员校都有各自优势学科和优秀教师,怎样把各成员校的优秀教师凝聚起来,形成合力,成为集团共有的财富？2013年,集团在市北区"四百工程"精神指导下,成立了台六集团名师工作室,涉及语文、数学、音乐等多个学科,各工作室积极开展课堂改革、教师培训、教学教研、送课义教等活动,为教师的专业培养、高位成长起到了推动作用。

集团鼓励各工作室积极进行课堂教学改革,勇于探索。语文学科潘剑剑工作室针对当前语文教学中出现的突出问题,大胆开展"单元主题课程"改革,融合国内各版本语文教材,进行主题式单元教材重组,建立以精讲多读为主、以文学创课程、课本剧表演、演讲辩论等为辅的新教学模式,制定集团阅读书目,提倡大阅读、多运用,让集团内学生的语文综合素养得到了迅速提升。

集团五个校区横跨城区东西两端,日常教研活动成了学科教研的难题。数学学科詹筱伟工作室针对各成员校分布分散、很难实现经常性教研的问题,借助互联网优势,建立了连接不同成员校的网络教研直播平台,拉进了校际距离,扎实日常集备教研,让工作室网络化日常教研顺利进行。同时,开展"点创教学法主题研讨",进行网络名师课堂、网上同步教研、在线课题研讨等活动。名师指点迷津,分享经验;教师互动交流,碰撞思维,引领课堂教学水平迅速提升。

英语学科方小梅工作室注重对工作室成员的全面提升和高端引领,多次邀请全国专家、齐鲁名师来工作室参与指导。承办国家外研社培训,邀请加拿大教育专家瑞格、全国英语教育专家鲁子问做客工作室,进行课程改革方面的专题培训。工作室成员定期参加山东省英语教师培训会、青岛市英语自然拼读教学研讨会等进修活动,通过丰富多彩的学习研讨,帮助老师们进一步反思自己的课堂教学,为博雅课堂提供崭新的思路。

科学学科教师数量少,教研力量薄弱,是不少学校存在的问题。科学名师刘永进工作室将教师培训的目光不仅局限在本工作室,更放眼集团内教师的教学研讨。工作室主持召开集团联合学科教研,来自集团内各成员校的科学教师参与其中,答疑解惑,共谋策略。课上名师亲自示范,巧妙创设科学课程情境,构建动手操作、自主探究课堂;课后互动研讨,集团各校的科学教师们分别就课堂教学目标定位、教材的处理、策略的选用、课堂教学的基本模式等方面进行探讨,名师从自身教学经验出发,毫无保留为集团任课教师提供了很多中肯而有价值的教学建议,让老师们受益良多!

语文学科孙雅婷工作室定期举行"教育智慧分享会""课堂教学研讨会"等教学展示,采用同课异构、异课共研、经验介绍、典型发言等形式,探讨课堂教学的有效策略。工作室特别在"识字写字"与"朗读背诵"这两个点上进行教学策略指导,引领学生在"自主合作"学习方式上做了有益的实践。展示的课例契合年段教学目标,让字词教学与学文巧妙融合,取得了良好的效果,引领了工作室教师下一步的教学策略。

秉承"学生的成长比成绩更重要。从学生身心健康出发,着眼每一个孩子的终身发展"的工作理念,心理学科谷小格名师工作室带领老师们,深入到学生们当中,进行每周两次的"我们一起创造"的沙盘游戏团体辅导活动,协助学生开发自身潜能,提升人际沟通的品质,培养健康阳光的心理。

各工作室还热心教育公益活动,数学学科孙崑茜工作室、音乐学科杨官妮工作室、英语学科方小梅工作室在顾问周嘉惠的带领下,积极参加"支教岛"、青岛市城乡课堂交流等活动,带领工作室老师到农村偏远小学送课。工作室老师和乡村学生一起上课,和乡村教师面对面研讨,分享教学经验,共商教学策略,架构起区与区、校与校、师与师之间互相学习、互相借鉴、互相交流的教学平台,实现了资源的共享。

经过名师工作室不断推进,集团各成员校的教学研究呈现良好的发展态势,多名青年教师在课堂研磨过程中不断提升教学水平和专业素养。青岛海逸学校的孙雅婷老师、青岛洮南路小学的王璐瑶老师、青岛台东六路小学的孙晓宇老师在参加全国语文、英语、信息技术教学大赛期间,各校不分彼此,集体攻关,最终分别获全国特等奖第一名、全国一等奖的好成绩。近一学年中,集团新评区教学能手14人,学科带头人2人,区优质课7节,区公开课5节,4人参加了青岛市优质课比赛,9人获得青岛市一师一优课。在名师引领带动下,中青年教师脱颖而出,5人在全国级和省级教研活动中上课,7位名师建立市北区名师工作室。台六集团名师工作室的建立,实现了集团内教师的高端引领,推动了集团内教师教学能力的全面提升,让越来越多的教师脱颖而出,走得更高更远!

第六章
丰实学校博雅特色文化

当前,学校在教育大环境不断优化的面前面临着许多新的挑战与机遇。"用独特的自身文化经营学校,用内涵丰盈的文化提升品牌内涵,打造教育的核心竞争力"已经成为学校管理者们的共识。一所学校,只有顺应自身的传统与现实,才能找准符合自身特质的发展道路,进而具有独特的学校文化个性。当然,每一种文化都植根于她自己的土壤,各有自己的历史观念,各有自己的风景和图像,文化丰实和重塑的过程,也是一个自我扬弃、励志图新的过程。

一所学校的灵魂是文化,它指引着学校的办学理念、价值追求、发展方向,定位学校的品牌形象。我校始建于1902年,百十年沉淀下来的浓厚历史文化底蕴、代代相传不朽的精神脉络,成就了博雅教育生长、发展的肥沃土壤。我校在梳理、研究学校历史的过程中,提炼出教育先贤的精髓理念,结合当前学校现状与发展,逐步凝练形成了既传承百十年校史又具有鲜明时代特色的"博雅"教育理念。在这过程中,我们审视过去、反思现在,不断丰富其内涵,使之成为一种独特的学校文化,引领学校的建设与发展。

【办学理念】顺应儿童天性做教育

【办学愿景】博雅乐园　儿童世界

【服务理念】适应需求　激发兴趣　开启智慧　润泽生命

【学校校训】博学　精思　明辨　笃行

【学校校风】兴读书之风　聚学习之精气

　　　　　　兴探疑之风　长研究之锐气

　　　　　　兴立论之风　增学术之生气

　　　　　　兴奉献之风　成育人之大器

【学校学风】勤学善思　知博行雅

【学生培养目标】培养"国格高尚、品格优良、性格健康、志趣高雅、举止优雅、谈吐文雅"的台六学生,奠基幸福人生。

【教师发展目标】打造广博爱心、渊博学识、文雅举止、高雅修养、业务精良、行动领先的"博雅之师"

【校徽及释义】

整体设计如冉冉升起的太阳,象征着我校师生朝气蓬勃,蒸蒸日上的进取精神。中间变形的数字"6",代表我校开拓创新的精神与和谐发展的进程。整个校徽构图巧妙,色彩鲜明,寓意着我校七彩的生活,彰显着生机和活力。整个校徽蕴意丰厚,凸显着学校博大豁达的胸怀和旭日样蓬勃向上的朝气。

图 7-1 台六校徽

【学校校歌】《台六伴我快乐童年》

【学校校报】《六小灵童》期刊

第一节　锻造博雅之师　铸就博雅文化之"魂"

《论语·述而》中曾提道:"子所雅言,诗书执礼皆雅言也。"由此可见,古代中国的人文精神中,"雅"与"博"反映了人生境界的二重性。"雅",即内向,以修身养性;"博",即向外,不断登高,广览博收。

所谓博雅教师,其内涵包括教师的知识和道德两个方面:博,博学多才,具有广博的知识,突出全面发展,同时具有创新的勇气和创新的能力。雅,品行端庄且举止优雅,具有广博的胸怀和崇高的情操,具有文雅的气质,雅是风度、境界,是人的品位。

一、注重师德教育,塑造博爱奉献的教师

博雅教师一定是静下心来做教育的,给予学生足够的爱,能产生神奇而伟大的教育力量。教师既要博爱,又要善爱,让人感受到春风化雨的温暖;既要敬业奉献,又要身正为范,成为照亮学生人生的航标。

1. 让教师拥有博爱之心,以爱育爱

人们都说,教师是太阳底下最光辉的职业,那么师爱就是洒向大地的光辉。师爱,是一把万能钥匙,它能打开无数颗求知者的心灵,给予他们知识的力量;师爱,是一架天梯,撑起求知者的脚步,让他们可以奋力向上攀登;师爱,是一艘渡船,载着求知者在风浪中渡向成功的彼岸;师爱,是每一位教师身上的光环,这独特的人格魅力,照亮每一个孩子前进的道路。

我校教师把每一名学生都装在心里,对他们倾注着全部的心血,关注着学生的身心健康,与学生平等对话,恩威并施,因材施教。生病时嘘寒问暖,困惑时答疑解惑,颓丧时鼓舞激励,迷茫时指点方向。在"暖心家访活动"中,我校教师走进外来务工家庭、出现特殊变故家庭、特困学困生、单亲家庭、身体情况特殊学生家庭,与家长交流沟通,深入了解,用博爱温暖每一个成长的心灵。在历年来市、区家长满意度调查中,学校的满意度均居前列,取得了较高的办学美誉度。

2. 让教师拥有高尚师德,践行誓言

博雅教师,不仅具有深厚的文化内涵,而且要兼备高尚的道德修养,端庄优雅的举止,规范文明的语言。我校教师立足岗位,身正为范,追求正义和真理,

追求崇高和美,对学生有真正的人文关爱。人师以自身人格的魅力塑造人格,以自己的德、才、情潜移默化学生,一言一行,举手投足,给学生终身受益的影响和感化,这种境界才是博雅教师完善自我、实现自我、超越自我的境界。

我校每学期开学初的师德月上,全体教师进行师德宣誓,签订《师德责任书》;每学期的"博雅讲坛"设立师德学习日,每期邀请一位中心发言人,拟订主讲提纲,现身说法谈师德。先后邀请全国优秀教师吴乐琴、全国教书育人楷模吕文强、全国劳动模范王炳交等登上博雅讲坛,近距离地聆听,心贴心地感受;观看《邹碧华》《教育师德启示录》《最美教师展播》等影片,以榜样引领教师践行誓言,师德行为润化于三尺讲台。近5年,我校有20余位教师被评为青岛市学生最喜爱的教师、青岛市优秀班主任、青岛市师德先进个人、市北区最美教师、模范教师等称号,赢得了家长和学生的一致好评。

附:我校开展"一起聊聊吧——师德话题"现场交流采撷

师德话题——师德究竟是什么?

陈烨老师:我认为师德是一种合力相助,作为新教师,我在工作、生活等方面经常会遇到一些很难解决的问题,身边的老师们总会给我很大的帮助。比如去年我外出学习需要调课,无论找到哪位老师,大家都排除困难帮我解决。有的课调不开了,老师们会说:"哪节调不开,我们给你代课,你放心行了。"还有诸如此类很多很多的事,让我感受到很大的温暖,所以,我觉得到师德就是同事之间的相互温暖,携手同行。

刘玥老师:我认为师德与其说是教师的职业道德,不如说是社会对于教师各方面的要求。作为一名教师,工作的状态被分为课上和课下两种。在课上,一名教师能够完成教学要求,保证教学质量,那么他就遵守了教师"教书"这一基本的师德。至于在课下,能做到为人师表从而"育人",就是遵守了师德。作为一名新教师,从入职以来我很有幸能够与一个出色的教师团队一同工作,我身边的每一位教师,都是我师德方面的导师。比如说我们办公室的李莉老师,作为一名有着多年高年级数学教学经验的教师,李莉老师仍是每天认真备课,她的教师教学用书上做满了笔记和标记,结合着班级的情况把握住每一个教学中的重点难点,让每一个学生都能在她的数学课上取得进步,教好书,就是彰显了师德。再比如说我们的班主任杨姝卿老师,从一年级把这个班一手带到六年级,班主任的工作细碎烦琐,教学之外既要处理班中学生间的大小事件,又要时刻和家长保持沟通,但杨老师不仅获得了全班同学的喜爱更获得了家长的肯定,究其原因,就是因为杨老师对学生倾注了爱,公平公正的对待每个学生,用鼓励和表扬给了每个孩子成功的自信。就我个人而言,我觉得在课上能够控制自己的负面情绪,完成教学任务,做好知识的传授人;在课下能够与学生友好相处,平等交流,做好行为的带头人,那么,师德在行动上就已经得到了体现。

牛晓峦老师:师德是身正为范。特别是面对低年级的学生,老师的一言一行在他们眼里就是绝对的榜样。低年级老师最头疼的就是常规教育,其实最好的教育就是老师自己的榜样示范,这个要比单纯的说教效果好得多。就拿随手捡起地上的纸花这一件小事来说,我们老师每天都在苦口婆心地说见到纸花捡起来,还不如我们给孩子们做一个示范,当孩子看到老师都把教室把校园当成自己的家一样,看到哪里有垃圾随手捡起。那么孩子看到这样的情景也会学着老师的样子做,时间一长就会养成随手捡垃圾的好习惯。

宋少哲老师:还记得我第一次踏上三尺讲台的时候,看着一张张稚嫩的脸,一双双透彻的眼睛,我的心怦怦直跳,一个概念一闪而过,我该怎么对待这些孩子?怎么做才是一个合格的老师?什么才是真正的师德?是"蜡炬成灰泪始干"的奉献精神?是"躬自厚而薄责于人"的为人师表?还是"温故而知新"的博学多识?我疑惑了……当我真正的融入到学校这个大家庭,看到有的老师俯下身子为孩子系鞋带、食堂中老师为孩子打汤、学习知识时手把手一点点的传授、下雨时老师淋着也会为孩子撑起伞来、孩子生病时像母亲一样嘘寒问暖……看到身边这些点点滴滴的感动,我才渐渐明白,师德不是高谈阔论的喊口号,也不是多么惊天地泣鬼神的壮举,他就是我们身边普普通通的举手之劳,就是我们眼前点点滴滴的小事。

唐琳老师:在我眼里,师德是兢兢业业的工作态度,每周四艺术长廊里总能传出琴瑟声声的民乐,刘铁魂老师、陈菁华老师从早上放琴、中午调音、下午排练,从每个声部的调整到全体的合奏,不放过每个细节的处理,陈菁华老师还放弃了休息时间,专门学习每种乐器的调音方法和简单的演奏技巧。

在长廊的另一头,每周五的管乐排练室里总有一个身影,那就是韩祎老师。

她虽不是指挥专业毕业，但这么多年经过她的不懈努力和不断学习，让我们看到了一个舞台上的指挥大师、一个舞台下孩子们的"妈妈"，她总是事无巨细地关爱学生，一句温暖的安慰、一个笃定的眼神，都能给孩子带去不同寻常的慰藉，我想师德也是无微不至的关爱，是以身立教的形象，是榜样，就在我们身边。

许阳老师：在我看来，师德不仅仅是一种道德，更是一种奉献精神。因为我本身就在低年级，我对低年级的感触可能更深一点。就拿我自己举例，工作三年，我从一名少女变成了一名"妈妈"。并不是说我自己有了孩子，而是我每天照顾着班里的32个孩子。低年级的孩子年龄小，自理能力差，所以低年级的琐事就特别多。因为孩子个头小，早晨，老师们要进班开电源，开灯，开电脑。每个课间，老师们要提醒孩子们开窗通风，喝水，上厕所，做好课前准备。中午，老师们要戴上口罩手套围裙给孩子们打饭，还用各种手段诱惑孩子们吃青菜。放学，学生都走了，老师们留下打扫教室的卫生。日复一日里，低年级老师都是这么做的。特殊天气，我看到低年级的老师们站在操场，班门口，走廊上，把这些"雨中漫步""雪中赏景"的小朋友提溜回班。孩子头发乱了，老师给她梳，鞋带开了，老师给他系……数不清的微电影每天都在上演，这些小小的细节，都是老师们爱的奉献，都是师德的体现，都是值得我学习的！

袁凤老师：我认为，师德高尚的老师，会不断更新教育观念。这让我联想到了已经退休的陈宝伦老师，每当从他身旁走过，总能看到他手捧一本数学教材精心钻研的情景。身边这样的例子还有很多，所有的老教师都是我们年轻人学习的榜样。

张倩老师：我觉得师爱是师德的灵魂，谁爱学生，学生就爱他，只有爱学生的人，他才能教育学生。要让这种爱"随风潜入夜，润物细无声"。我们应该蹲下身来，用学生的视角去观察，用孩子的心声去感知，用我们的爱去呵护每一棵幼苗的成长。那就是一种捧着一颗心来，不带半根草去的意志，那是一种弃燕雀之小志，慕鸿浩而高翔的大志向。教师不仅仅是一种职业，良好的师德形象更是一种精神的化身，它孕育着真，引导着善，创造着美，奉献着爱！

3. 让教师提高艺术修养，高雅品位

艺术素养体现淡然的修身养性，体现率真的为人处世，体现至善的人生需求，更体现出唯美的境界追求。提升教师艺术素养，可以提高审美情趣、提升个人情操、丰富教学手段。新加坡管乐协会主席李天池博士、我国台湾著名管乐专家许双亮大师走进学校,让老师们得到艺术的浸润和提升。我校组织老师们进行插花培训,在过程中涵养修养,从了解插花艺术、欣赏花艺作品到自己动手DIY,一双双巧手编织美丽与精彩开展微型景观制作,随着一个个精致的作品诞生,老师们的艺术鉴赏力也在随之提升。定期的教师礼仪培训、团队拓展活动、心理健康讲座等活动,提高了教师艺术素质,礼仪修养。让教师成为有温文尔雅、文明自律的人,教师更加自尊自爱,提升自身行为从而带动学生发展。

二、加强文化浸润,打造博学精思的教师

中华文化源远流长,尝孔子登东山而小鲁,登泰山而小天下。教师眼界宽广,才能博古通今,融会贯通,博而更专。因为汲取,才有了深厚的底蕴;因为锻造,才有了日益精进的技能。将知识、智慧、创新、提升融入日常,让博学精思成为每一位教师的独特气质。

1. 博览群书,具有深厚的人文修养

一个人的人文底蕴是在广博的阅读中建立的。邂逅阅读就是邂逅最美的自己,捧一本好书,永远记得与这些书籍相遇,阅读后心潮澎湃的那些瞬间。感受书籍的温度,在心灵播下书香的种子,成为眼中有光芒、有灵魂、有香气的教师。在我校举行的"共读好书 分享快乐"美文推荐、"有声阅读 无限空间"朗读者活动、"悦读经典 收获成长"读书沙龙、"博群书 塑雅师"读书分享会、"悦读·博学·雅行"读书笔记展等活动中,老师们读教育经典著作,与智者对话,做智慧教师;涉猎多元书籍,追求新知,提高文化品位,提高人格素养,启迪学术思想。

广博的阅读与基于专业的阅读是教师博雅之道,教师读书不仅是助推个人成长良方,也为教育教学实践提供科学的方向。新时代的好老师不是教了学生多少知识,多少技能,而让学生敬仰的往往是他们的理想、志向、情怀、审美、趣味等一些看似无用的非专业素养。这些东西能让学生身心愉悦,给他们播下了"真善美"的种子,同时也丰盈着教师的生活和生命,也为教师的成长提供动力和源泉。

2. 博古通今,拓展广阔的国际视野

中国传统文化承载着数千年先人的宝贵经验和智慧,在长期的历史发展过程中融合、形成、发展起来,是民族的瑰宝。教师学习传统文化,进一步去实践体悟,学古不泥古,将传统文化结合时代精神,融入工作生活中,以传统文化规

范自己的言行。

不只从中国看世界,还要从世界看中国。引导教师关注世界的变化,倾听广泛的声音,吸收多方面的经验,具有更广阔的国际视野和国际眼光。我校先后邀请大学教授、文学专家、国际问题专家等走进我校名家讲坛,增强教师文化自信,开拓国际视野。中国海洋大学陈鷟教授从周易、儒家、道家、法家的智慧谈开,将几千年优秀的中国传统文化精髓进行了详细的阐述,让老师们深切地感受到中国文化的博大精深、祖先的智慧所在。上海名师高纪良从智能机器人与人的对话引出终身学习的重要性,从中美两国核心价值观到对中国的教育现状寄予希望,引经据典,幽默风趣,侃侃而谈,让老师们感慨必须树立信息化、全球化的思想,紧跟时代脉搏。同时,我校还重视让老师们走出去,到北京、深圳、重庆、上海、杭州、南京等先进教育地区进行培训学习,开阔眼界,提升自我。我校还根据学科教师自身需求,盘活各种资源,充分发挥集团名师的优势,加强校本培训,实现培训效益最大化、最优化。

3. 关注技术,提高探索未来的能力

信息时代,高科技的出现,是挑战,更是机遇,更为我们现代教育提供了广阔的空间与丰富的资源,注入了新的活力,对教育发展及前景都会有着不可低估的作用。学习的道路是没有止境的,博雅教师要善于学习,把求知作为一种态度、一种工作责任、一种精神需要,自觉养成学习的良好习惯,乐于学习,勤于学习,学以致用。

学校将创客培训带进校园,让老师们亲身体验"VR头显",亲手制作3D作品,进一步培养了创客教育理念和教学技能。尝试体验"3D打印技术",教师们热情高涨地投入到设计和制作中,更加深了对3D打印技术的了解和向往。同时,市区信息技术名师定期为老师们进行信息培训,内容涉及微视频制作、电子白板使用技巧、交互式课件制作等。博雅教师不断拓宽思维,掌握新知识,运用新技术,数字化的教学时代已成为引领教师发展的新风潮,激发教育的新活力。我校多位教师承担国家、省、市创客教育实验,他们辅导的学生也屡次斩获全国、省市科技、信息、编程比赛大奖。

三、推动教学研发,锻造创新合作的教师

在博雅精神的影响下,我校教师逐渐开始尝试课堂教学方式的改革,构建体现人文价值的课堂体系,对人才进行全方位培养。博雅教学改革将学生作为

主体,尊重每一位学生,加强对兴趣的培养,鼓励主动学习、合作学习,注重对思维模式的培养,进而提升对知识的掌握能力。要让学生具有合作学习的能力,教师首先应该具有团队合作的意识,在集备教研、课堂展示、课程研发等方面,强调同学科集智共研、跨学科资源共享,打造创新合作的教师团队。

1. 合作教研,分享教育的智慧

教研是教学中的常规一环,但怎样让教研发挥效果,引领专业能力的提升呢?问题推动变革,原有的教研方式向研究转变,有意识的引领老师提前介入,促进老师在研讨活动后持续跟进。结合团队智慧,把事前后的准备转化为每一个人的有效介入;把某一主题的研修过程,转化为每一个人的进修过程。

我校在教研活动中学校大胆尝试"研听改创"四步教研法。

研:选取典型课例,组内老师共同备课,全体参与打磨教学详案。

听:由青年骨干教师根据打磨教案执教,组内教师共同听课。

改:集体评课,找出问题,针对问题,集体进行二次打磨、改进。

创:由第二位教师执教修改后教案,生成创新。组内教师共同听课,并研讨衍生二次教学创新点。

四步教研法由"一人言,众人听",变为"每一个人都介入过程",一轮研课下来一般需要2~3周,把课堂实践、教学研究融为一体,研与修得到有机整合,"研听改创"实现了从研讨到研修的飞跃。教师们在教研中共同切磋、相互分享、交流共进,不同梯队教师实现了主动、差异发展。近年来,我校有十几个教研组、团队被评为市区优秀团队、优秀班组、优秀教研组,形成智慧分享的良好团队氛围。

2. 课堂锻造,积淀教学的厚度

课堂是教师施展才华的舞台,我校教师将智慧融入博雅课堂,展现专业风采,提炼学术成果,教师的个人的专业素养不断得以提升。课堂中,教师通过创设情境、转变策略充分调动学生学习的兴趣,改变他们的学习方式,搭建自主、合作、探究、交流的学习平台。以教学中实际存在的重点、难点、疑点、拓展点为研究对象,创新教学思路和形式,有效组织学生进行创新性的课堂教学实践。

在"博雅课堂教学月""名师开放课堂""点创教学阶段展示""信息技术与教学融合优质课评选"等多主题的课堂教学展示活动中,让学术委员会、名师工作室、青年教师等不同层面教师登上亮课的舞台,通过"研听改创课""媒体融合课""点创教学课"等课堂展示板块展现教学风采,或共同教研,展示"研听改创"的集体智慧;或媒体融合,体现智能教学在课堂中的成果;或以点带面,凸显"点创教学法"在课堂教学中的效力。

一批批教师登上市、省、全国亮课舞台,不同的教学风格、不同的教学风采,让博雅课堂智慧碰撞,精彩纷呈。近年来,我校先后有1人获全国教学基本功一等奖,3人获省优质课比赛一二等奖,30余人获市区优质课比赛一二等奖。佳绩频传,名师辈出,学校有1人被评为山东省名校长,1人被评为省教学能手,16人被评为市区优秀教师,28人被评为市区教学能手,10人被评为市区青年优秀专业人才。

3. **课程研发,跨学科合作共享**

我校课程的实施,张扬了学习个性,激发了学习热情,打开了学习空间。在这种新的课程形态中,教师不再是知识的传递者,而是学生学习活动的组织者和指导者。在课程研发的过程中,教师不再是照本宣科的知识传递者,而是转变成为课程研发的引领者、设计者,角色的转变带给教师全新的自我挑战与自身能力的提升,这是一个双赢的过程。我校课程研发实现了跨学科整合教学,打破以往泾渭分明的学科间界限,以统一的主题连接不同学科。跨学科整合挑战最大的是教师,他们要走出同学科教研的舒服圈,又要在跨学科教研中主题统整、无缝衔接。各课程组实施"三步走"跨学科创新路径,首先整合教材内容,确立课程主题。将各学科内容通盘考量,选取符合学生认知特点、具备丰富课程资源、彰显课程特色等内容,连接相通的课程内容,实施化零为整的课程建构。其次整合课程类别,打通课程内容。做减法,精简课时,教师在跨学科教研中,明晰课程定位、推动各课程递进、进行有效课程协作。最后整合课型结构,灵活课时安排。做加法,进行跨学科拓展,融入主题背景下的学科资源,让学生学习到多领域、多角度的课程知识,培养多元的学习思维和学习能力。教师在课程开发的过程中,对课程体系、课程结构与内容、课程评价与教学方法进行全面设计,实现课程综合能力的提升。学校先后有4门自主研发的学校课程被评为青岛市精品学校课程,6门课程被评为市北区优秀学校课程,形成较为完整的学校课程体系。

4. **科研反思,潜心课题研究**

教书育人是一门科学,教师自身专业水平的高低直接影响着教师对教育教学的认识理解、对教育科研研究的深度与广度。教育科研能力是现代教师从事教学实践活动的一项基本能力。从事教育科研,考验着老师的智慧、素养和品位。在研究过程中,教师不断思考、反思、实践、研究、总结,切实解决了实际教学中的实际问题,提高教育教学的实效的同时,自身专业素养也得以提升,推动学校科研内涵的发展。学校定期组织"博雅沙龙——课程论证会""博雅课题推进会"等课题研讨活动,有效引导各课题研发小组创新课题思路,加强课题推进策略与梯式层级课题管理,创造性地开展教科研工作。课题研究推动教师教学内源性发展,助推教师专业发展的整体能力。突出教育科研的先导性,发挥教育科研在兴教、强校、塑师方面的作用,造就了一支教育思想观念先进、知识能力结构优化、学术科研水平一流、思想道德品格高尚、专兼结合、素质精良的高水平师资队伍。近年来,教师撰写的二十余篇文章发表于《中小学教学研究》《教育家》等杂志,多个课题在省市课题中立项结题。

回顾博雅教育走过的几年,一个个璀璨成绩,一次次精彩绽放,见证了博雅教师的成长之旅,见证了博雅教育的探索之路。博雅精神在新时代有了全新的诠释,推动了我校教育的迅速发展。博雅教育理念下的教师在涵养品德、提升修养、锻造师能的基础上,提升了自身的幸福指数。教师用情用心去聆听、去捕捉、去感知、去收获,真正地感受到了博雅教育世界的美妙!

第二节　凝聚团队力量　厚实博雅文化之"基"

中国古话说:千人同心,则得千人之力;万人异心,则无一人之用。比尔·盖茨曾说:"即使现在的我失去了一切财产,但只要给我只要留下我的这支团队,我一定能再创造出一个伟大的微软公司!"最伟大的精神是团队精神,最伟大的力量是团队力量!一个优秀的团队,必然汇聚着集体的智慧,众人拾柴火焰高;一个有战斗力的团队,必是凝聚着集体的力量,众志成城可排除万难!

我校努力打造内外兼修的博雅教师团队,以评选"博雅教师"为契机,通过人格魅力、专业素养、爱心责任三个评价体系,全面打造心胸宽广、学识渊博、师德高尚的"博爱"之师;通过开展新教师"入格培养展特色"、青年教师"升格锤炼树风格"、骨干教师"风格成才成名师"的三三制教师培训模式,培养拥有精湛教艺、素质过硬的"博学"之师;结合每学期读一本教育专著和文学名著、每月读一本教育刊物、每周读一篇教育教学论文和散文随笔三条途径,培养底蕴深厚、气质典雅的"高雅"之师,全力打造我校博雅教师团队。

同时,我校特别关注每位教师的心理健康状态,加强教师心理健康培训,引导教师拥有积极向上的阳光心态,实现低负高效。为了凝聚教师团队的向心力与合作精神,营造爱岗敬业、积极阳光、无私奉献的良好氛围,我校积极打造"合作共赢"团队文化建设,以级部、学科组、教研组为单位,采取捆绑式评价方式,评选优秀团队并予以表彰奖励。

在我校这个大家庭中,每个人都怀揣着梦想,我们为了这个梦想的实现而携手同行,努力奋斗。在我们身边,一个个优秀的团队汇聚成一股股强有力的力量,推动着学校这艘教育航母稳步前行!

附:我校优秀团队建设经验案例

优秀团队建设宣讲稿

各位领导、老师们,大家下午好:

周燕老师:非常荣幸我们能代表我们级部的老师们在这里跟大家交流我们工作的点点滴滴。站在台上,虽然比较紧张,但是我没有孤独感,因为我的身旁有我们级部最年轻、充满活力的同事陪伴,更有我们级部这个后援团的巨大支持。

周燕老师:团队的力量是强大的,这股正能量温暖、鼓舞、凝聚、带动着我们这支队伍中的每一位教师。

许阳老师:作为一名新教师,班主任队伍的新兵,我从级部老师身上学到师德不是简单的说教,而是一种精神体现。

炎炎夏末,为了迎接新生的入学,级部老师们提前一周上班,忙着在别人看来是那么烦琐的小事。为开好新生和家长的培训会,在周燕组长的带领下,我们几次召开碰头会,会上老师们将怎样迎新生的工作经验无私的奉献出来与大家分享,于倩老师制作了课件资源共享。会上,大家给我这个新班主任许多善意的提醒和提示，正是因为借助了团队智慧与力量，才使我这个新教师能顺利的迈出班主任的第一步。

为了给孩子们一个整齐、温馨的环境，老师们经常主动加班加点，每天放学后，都能看到级部的班主任老师们拖着疲惫的身躯，清扫、布置教室，只为让孩子们都能喜欢上这个小家。

周燕老师：在我们团队里，榜样就在身边。

开学初，几位老师相继生病，但是没有一位老师请假。张媛作为级部最年长的老师，父亲住院期间，没有耽误学生一节课。她总是说，班级里那些孩子们让人放心不下。不仅如此，她还用手中的相机为班级的孩子们记录下一个个精彩的瞬间，留下童年最美好的记忆。活动中，刘荣荣老师由于意外致使腰部扭伤，但是她轻伤不下火线，忍着病痛坚持和班级家长、孩子活动，直至最后一名孩子离校，她才蹒跚着走进医院。刘慧媛老师，当天气突变的时候，她主动给孩子添衣，这一举动温暖着孩子和家长的心……正因为团队中有这些默默奉献的好老师，好榜样，我们团队才会这样和谐、平稳、充满爱心。

许阳老师：在老师们的一言一行中，我体会到，师德就在点滴的爱与责任中。我们级部的孩子太小，自理能力比较差，我们要想的，去做的都是平凡的小事。下雨了，我们到操场上"带回"淋雨的孩子；放学了，我们紧紧地牵住家长没来接的孩子，无论天有多冷，无论要等多久，我们都会陪着孩子坐在传达室等待迟来的家长；一件事情，我们要叮嘱五六遍，还生怕孩子回家说不清楚；课间里我们一个一个孩子的嘱咐上厕所喝水；一听到下课铃响，条件反射地站起来走进班里；孩子吐了，拉了，尿了，我们像妈妈一样的帮他们收拾"残局"，安慰他们的心灵；一次次的通知，我们的飞信、QQ、电话齐上阵，家校沟通使师生、家长关系更和谐融洽。……师德在团队中每个老师的心里装着，每件小事里都是我们团队满满的爱与责任！

周燕老师：团队中，团结协作是师德最好的体现。

回首刚开学的那段日子，下课时走廊热闹非凡，那里似乎隐藏着许多地雷，一触即发，安全隐患着实让人担忧。通过商量，大家达成共识：不能放松培养学生良好行为规范的关键期，我们要采取"时时跟进"的办法，强化训练与鼓励表扬相结合。清早，各位班主任、班助老师早早进教室，领着孩子参加早读；课间，许多班主任舍弃休息，在教室里蹲点，走廊里巡视；中午，老师们亲自上阵，为孩子们盛上热腾腾的午饭。级部所有的任课老师也都以强烈的责任心投入到一年级学生的养成教育中,大家齐抓共管,共同努力,终于一学期下来,我们欣慰地看到我们的学生的整体常规明显进步了。

许阳老师:在老师的带领下,学生们不仅在习惯养成方面有了很大的进步,别看这些孩子们年龄小,他们已经能积极参加学校的各类活动了。庞大的船模比赛队伍,同学们求知探索的好奇心被激发起来;人人参与的跳绳比赛,丰富的课间活动和阳光体育,处处可见我们一年级学生的身影。特别是紧锣密鼓地走在学校课程整合前沿,我们级部的"探秘粮食王国"亲子实践活动,受到学校、老师和家长们的高度评价。

周燕老师:其实我们级部的孩子小,在每一个活动的背后,都是老师们亲力亲为、协作互助完成的。不仅在活动中,在教学上,老师们的合作精神在我们团队更是无处不见。除了每周的教研活动,我们互相切磋,共同磨课外,遇到问题我们随时随地讨论解决;"研听改创"中,老师们倾囊相授,直言不讳,使我们的课堂精彩纷呈;督导调研中,老师们集思广益、突破难点,让大家对我们啧啧称赞。

许阳老师:是的。刘国璘老师的调研课,在韩洁组长的带领下,语文组老师们主动出谋划策、分工合作,课堂中彰显扎实的教学功底,受到听课领导们的一致好评。就拿我自己来说吧,作为一名新教师,在教育教学方面数学组的老师给了我很大的帮助。研听改创中,苏静老师牺牲下班时间帮我修改教案,张媛老师听我上课后帮我修改每一句话、每一个动作,詹筱伟主任处处留心,帮我搜集有关的材料。正是因为有了大家的帮助,我们一年级团队才能在调研,听课中获得一致好评。

周燕老师:一花独放不是春,百花齐放春满园,这就是我们级部七个班的真实写照。其实,我们做的都太微不足道,在我们学校还有太多像我们这样的团队,也正是我们这些普通的小团队,汇聚成了学校这个温馨和谐的大家。

许阳:学校这方沃土正是因为有你有我有大家而精彩纷呈,让我们一起努力,携手共进,共同演绎我们的精彩!

第三节 优化育人环境 浸润博雅文化之"涵"

环境浸润心灵,文化滋养精神。博雅环境文化是"博雅教育"特色建设的重要载体,良好的校园环境对学生六年学习生活的熏陶是潜移默化的。因此,我校围绕"博雅"核心文化,对校园功能进行整体设计,实现温润·雅致·和谐的"博雅之园"的建设思想,把校园建成以人为本的教育园、环境宜人的生态园、链接未来的信息园、底蕴丰厚的文化园、和谐恬静的交际园、陶冶情操的生活园。

学校两个校区,布局合理,建有图书馆、阅览室,综合楼内各专用处室齐全,IPAD教室、多媒体教室、科学实验室、录播室、微机室、图书室、书法室、美术室、舞蹈室、音乐室等一应俱全。学校每间教室均配备了交互式电子白板,并实现了无线网络的全覆盖,为学校的可持续发展奠定了雄厚的物质基础。漫步校园,从史料翔实的校史室,到一级部一主题的"课程文化长廊";从彰显中华文化博大精深的汉字宫、围棋厅,最美教室里的黑板报、手抄报到学校的宣传栏、橱窗、校园电视站;从珍藏着孩子们一个个美好愿望的"梦想厅"到挂满他们快乐成长瞬间照片的"童年印象"墙;从小荷文学社、学术节、外语节到校报《六小灵童》到"我们一起走天下"社会实践展示区,"博览文华殿堂 畅游艺术海洋"的艺术长廊……都将巧妙地构思设计和明丽的艺术色彩融于一体。厚重的文化底蕴、开放包容的人文环境,无不在悄然诉说着博雅育人的理念,使学生在浓厚高雅的文化氛围中享受潜在的美的熏陶。

一、设计主题走廊,彰显特色教育成效

我校因地制宜,对综合楼的楼厅长廊、楼间连廊、楼内回廊、楼外围廊进行统一文化布景,打造了集特色展示、品牌塑造、品鉴赏析等多功能于一体的"博雅馨苑"校园文化特色项目,"雅·琴韵、雅·棋乐、博·书艺、博·游趣"四个版块与学校博雅文化相映生辉,从"琴、棋、书、游"四个方面诠释博雅学校文化特色,营造时时是课堂,处处受感染的浓厚氛围。二楼的艺术长廊,纵横交错。横廊中"走近艺术大师、走进音乐殿堂、名家作品赏析、管乐民乐长廊"四个板块,处处洋溢着浓浓的艺术气息。其中的器乐长廊融合我校艺术教育的特色与亮点,不仅展示着我校乐团近20年走过的辉煌历程,还搭建"星光闪熠"平台,展

示星级小乐手的风采,激励孩子勤奋努力,成为明天的音乐大师。纵廊的"琴棋书画"板块,涵盖了更丰富的艺术内容,激活了整个校园丰富多彩的学生活动,围棋、书法、绘画,每一张照片、每一幅作品,赋予学生表达自我、发挥想象力的空间,展示着博学的胸怀和自然的意境。在综合楼与教学楼的间廊中,学校围绕"博游天下",打造了"我们一起走天"主题厅,这里的文化墙选择了古今中外著名的建筑剪影,引领孩子们认识和了解世界的同时,更巧妙地以照片的形式将他们外出领略各地风土人情、参加各类有意义的实践活动在此展示。

步入教学楼,你会发现,这里的每一面墙仿佛都会说话,"研学足迹""广游天下""博览群书""我型我秀""童年印象"等,每一个精心装饰的版块记录了孩子们学习生活的美好,每个班级的墙壁文化都有自己的独特之处。如今,文化长廊已成为我校精神文明建设的主阵地,深受广大师生和家长的喜爱,每当课间或放学,大家都会三五成群地聚集在走廊,观看各个班级不同版块的文化展示,为其中精彩的部分点赞。生动活泼的文化长廊容纳了学校各方面的亮点,并做到了文化性和装饰性的完美结合,让学生在视觉享受的同时接受美的熏陶,必将促进学生快乐、健康、全面发展。

二、处室文化建设,凸显学本课堂理念

学校在专用处室的环境文化建设中,着重体现功能性、实用性和学生互动性,加入了不少学生可以互动、展示的版块,每一个专用处室都设有可更换的展示学生活动、学习情况的专栏。近年来,我校先后对舞蹈室、美术室、综合实践室、科学教室、书法教室、微机教室、科学实验室进行了全面的更新建设,新增建了科学探究室、生活化教室、创客教室、录播教室和IPAD教室,这些专用处室的文化建设更体现了师生思想的交融。

例如新更新的微机室,四壁和天花板喷涂的是具有理智、科技感、效率感的海蓝色。左侧墙面的"IT精英"设计引人注目,除了喷绘了国内著名IT企业的领导人外,还在这些人物中心部分,插入了一个头戴博士帽的剪影形镜子,每当学生注视的时候,自己的笑脸就会出现在里面,和IT精英并列,激励学生向他们学习,振兴民族,引领科技新方向。为了提高学生的打字速度,这间处室后侧墙面以《极速蜗牛》里主角为主要形象,设有打字高手排行榜,学生在进行打字练习时,只要到达相应数量,就可以贴上自己的名字。

我校的处室文件建设不是一成不变的,它是鲜活、充满生命力和有灵性的。

在舞蹈教室的文化氛围建设中,充分体现了让孩子们如五线谱上跳跃着活泼的音符,在音乐的海洋中翩翩起舞,展现台六学子的蓬勃朝气。墙面上的白鸽子象征着梦想,孩子们在梦想的翅膀下展翅高飞,台六是舞台,是梦想开始的地方;勤奋是翅膀,带领梦想起航,飞向希望的未来。斗大的"舞"字,飘洒着长长的绸带,舞动童年,让孩子们唱起来,跳起来,在音乐中挥舞身体,创造快乐,让童年在欢乐中度过。

三、装扮最美教室,打造展示梦想舞台

教室是什么?教室是一所小学校,一个小社会,是学生心灵成长的阳光房。每一间有魅力的教室都是一片肥沃的土壤,即便是一粒最最普通的种子也能绽放出别样的光彩。教室是理想实现的大舞台,它的文化氛围会潜移默化地影响着学生的习惯、行为、思想。一间受学生喜爱的教室不仅是一个优秀班集体特色的体现,更是这个班级的灵魂所在。在我校,老师和孩子们一起用"最轻巧的自主DIY"装扮出师生心中"最喜欢的家",打造展示梦想的舞台。二年级二班创建的"青青园中葵",融合了"童心 童智 童创造",班主任牛晓奕老师撰写了"最美教室"的创建心得:

教室,是每一位学生生活中的第二间"卧室"。受学生喜爱的班级文化不仅是一个优秀班集体的特色体现,更是这个班级的灵魂所在。我们班被有幸选为校学校"最美班级"建设活动的先导班,进行班级文化的筹备和建设。我充分发动家长军团的力量,从设计,到修改,再到购买材料到最终装饰上墙,这看似简单的过程凝聚了班里家长、学生、老师们的集体智慧。在与校领导的反复切磋和集思广益的过程中我总结了许多的经验。

1. 构思篇

班级文化既然是班级的灵魂,就要有主题有内涵而不是单纯的装饰。作为一名初出茅庐的新教师来说,面对低年级学生毫无时间观念,不会打理自己在校学习生活的状态真的是束手无策。于是,我决定利用这次"最美教室"活动来改变它们的这种懒散的状态。我把"惜时"作为班级文化的主题内涵,但这个内涵对于低年级学生来说字眼比较晦涩。利用我的学科优势,我选取了一首耳熟能详的诗歌《长歌行》来提醒学生们要童年的宝贵时间。原文如下:青青园中葵,朝露待日晞。阳春布德泽,万物生光辉。常恐秋节至,焜黄华叶衰。百川东到海,何时复西归?少壮不努力,老大徒伤悲。我把"青青园中葵"作为班

级文化主题,介于二年级学生的特点,移换了诗歌中"葵"(古代一种蔬菜)的本意,改为意象"向日葵",寓意是班里的每一个孩子都是一朵乐观、积极、向上、初长成的青青小葵。

2. 设计篇

版块和图案的设计也是呈现的关键。既要体现主题内涵,又要做到学生喜欢这个难度比较大。我征集了家长们和学生们的意见,结合学生们的年龄特点设计了:笑脸墙、人人有岗、蒸蒸日上、今天我值日、我是小园丁、阳光书吧、硕果累累七个版块。"笑脸墙"这个版块,主要是学生的一个展示区,让每一位学生都能感觉到他是这个班级不可或缺的一分子。"人人有岗""今天我值日""我是小园丁"这个三个版块,给班里的每位学生都做了适当的分工,培养他们的管理能力,责任意识和服务班级的意识。"争争日上"和"硕果累累"这两个版块则是学生学习成果和综合素质成果的展示区。"阳光书吧"是学生的午间读书区,让这些小"向日葵"们在阳光最充足的中午汲取书中的营养,帮助他们更好地成长。

3. 装饰篇

所有装饰的材料我们本着简单、实用、低碳、节约的原则。选用了最简单的彩纸、彩色卡纸、布织布进行装饰。充分开发家长资源,只做了日、月、星、辰,手工立体装饰品。让学生一进教室就能看到,太阳升起,月亮、星星照亮夜空的情景,从而感受到一天时间的短暂。笑脸墙的制作实现了废物利用,学生们用纸杯 diy 出个性十足的葵花笑脸。所有的装饰图案都紧扣主题,选择了向日葵的图案,如窗帘扣,墙面贴纸等,简单实用,学生们爱不释手。

4. 呈现篇

多个板块的融合也是煞费苦心。笑脸墙拼出小禾苗图案,寓意萌发,新生。"人人有岗"则采用即时贴,每位学生写出了自己的岗位职责,贴出了爱心图案,寓意爱心、奉献。"争争日上"以大山为底板,朵朵向日葵摘抄了读书时积累的好词好句,意为攀登、向上。"硕果累累"是一个评比栏,学习、纪律、卫生、实践活动等表现出色就可获得一枚太阳奖章,奖章多的结出的葵花生长得越快。

经过不断完善,最终呈现在大家眼前的是凝结了校领导、家长、老师、学生的集体智慧。开始我还在担心,墙面装饰得如此令人眼花缭乱会不会吸引学生的注意力,影响听讲的质量。一个学期下来,竟没有一位同学上课因为墙面装饰而走神。相反,有的家长反映,孩子在班级文化的影响下学会了自己规划课余时间,逐渐改掉了拖拉、懒散的坏习惯。

"美美与共、和而不同",是我们"最美班级"建设的目标。让我们一起携手,领悟童心,启发童智,与我们的孩子一起创造属于学生自己的"最美班级"。

第四节 加强校际交流 促进博雅文化之"融"

"有朋自远方来,不亦乐乎!"在先进办学理念的引领下,我校的办学经验、办学模式和显著的教育教学成果,吸引许多省内外兄弟学校和广大教师前来参观访问。每一次的思维碰撞都能达成新的共识;每一次的经验分享都开阔了眼界与思路。校级间的来访交流,不仅促进了彼此之间文化的交融,更为学校注入了新的活力。

迎接东营市教育考察团到校参观学习

2016年10月,东营市教育考察团一行近40人来到我校进行了考察学习。考察期间,校长向各位领导介绍了近年来我校在集团办学、球形管理、特色课程建设、名师团队打造等工作中的创新思路和做法,并邀请来宾们观看了《教育集团发展掠影》宣传片。随后,在学校领导的陪同下,考察团的领导们参观了我校校园文化和专用处室建设,观看了学生们的社团活动和特色课程的开设情况。考察团成员对我校深厚的文化底蕴,人文的学校管理、超前的办学理念和鲜明的校园文化给予了高度评价和赞扬。

深圳市教育考察团到我校参观调研

2016年11月,深圳市教育局政策法规处处长胡新天等一行三人,在青岛市教育局政策法规处张家选处长的陪同下来到我校,就现代学校制度建设进行了参观调研。

此次考察主要分为实地调研和主题座谈两部分内容。在学校主要领导的陪同下,调研组成员参观了我校的校园文化、特色课程、专用处室建设。在随后的座谈中,领导们先是听取了校长关于学校现代学校制度建设工作的全面介绍,随后分管副校长又就学校校务委员会建设情况做了专题汇报。整个过程中,领导们对我校在现代学校制度建设、集团发展、课程打造、名师培养等方面的特色实践尤为感兴趣,他们围绕校务委员会建设和集团发展两大问题,与市教育局领导和学校领导进行了深入交流。整个调研过程中,领导们对我校办学理念、办学特色及办学成果给予了高度评价。

我校迎接济南市教育考察团

2016年11月22日,济南市历下区教育局教育考察团一行12人,在局长顾朝霞的带领下来到我校,就我校集团的建设与推进工作进行了考察学习。期间,市教育局基教处王巍处长、市北区教育局张媛媛副局长以及基教科朱晓玲科长陪同考察。

考察中,张媛媛副局长代表市北区教育局,欢迎各位教育同仁莅临市北考察,并介绍了近五年来市北区教育局在现代学校制度建设、集团化办学以及实施学区制等方面的创新性做法。随后,我校校长就五年多来学校教育集团的建设与发展情况做了全面介绍。校长还重点介绍了我校集团化办学中管委会的顶层设计、项目管理,以及集团搭建高平台,实现名师资源共享、特色课程共建等工作的思考、做法与成绩。

整个交流过程中,考察团成员认真聆听和记录,局长顾朝霞和齐鲁名校长杨兴永校长不时发问,就集团化办学的机制建设和制度完善等工作与校长进行交流。

最后,顾朝霞局长表示,短短一上午时间他们一行人收获很大,希望以此次考察为契机,加强历下区教育局与市北区教育局及我校的交流与学习,不断推动优质教育均衡发展,打造优秀教育集团!

北京市教育考察团到我校调研学习

2017年4月,北京市朝阳区教育局相关领导一行12人,在青岛市教育局政策法规处领导的陪同下,专程来到我校就现代学校制度建设进行了调研学习。

调研中,领导们先是通过学校宣传片对我校的总体情况进行全面了解;随后分管副校长就学校校务委员会建设情况做了专题介绍;最后校长围绕我校现代学校制度建设的三个维度和管理变革转型的五个标志,结合学校近年来的探索和实践,详细阐述了学校进行现代学校制度建设的一些思考与经验做法。

整个交流过程中,领导们对3月16日人民日报报道的我校校务委员会工作十分感兴趣,围绕现代学校制度建设、自主放权、集团发展、课程建设、名师培养等方面与郭校长进行了深入交流。整个调研过程中,领导们对我校科学的办学理念、鲜明的办学特色以及推进现代学校制度建设的成果给予了高度评价。

青岛市农村小学骨干校长到我校进行跟岗培训

2017年5月,青岛市农村小学骨干校长培训班的10位校长,来到我校进行了为期三天的跟岗培训。

跟岗培训中,校长们首先聆听了校长关于学校的总体办学情况介绍,对我校办学特色、球形管理模式、现代学校制度建设等方面进行全面了解。跟岗校长聚焦课堂,参加了学校组织的"点创教学"研讨活动,参与了语文、传统文化、音乐三个学科的现场互动式研究。三天中,他们分别与学校教学发展中心和学生发展中心的负责人面对面交流,详细了解了我校"研听改创"教研方法、四大主题课程建设、语文1+3单元主题阅读、学生多元评价等教育活动。同时,跟岗校长们参观了博雅校园,徜徉于"我们一起走天下"长廊、校史馆、"合课程"展示墙、艺术长廊,兴致勃勃地观摩了抖空竹、啦啦操、橄榄球等体育特色课程。

短短的三天培训结束了,跟岗校长们收获满满、意犹未尽。大家对学校独树一帜的管理方式、高效自主的教学方法、丰富灵活的课程建设、多姿多彩的德育活动赞不绝口,并希望与学校建立长期联系进行校际深度教育交流。

我校迎接海口市教育综合改革考察团

2018年4月,海口市教育综合改革考察团一行9人,在海口市政协副主席、市教育局局长厉春同志的带领下来到我校,就我校教育集团的建设与发展以及学生"课后三点半"的推进工作进行了考察学习。期间,市教育局基教处副处长苏延红陪同考察。

考察中,校长从教育集团发展的宏观环境、优秀教育集团的建设框架、教育集团的运行机制以及优质教育资源的共享共赢四个方面,就教育集团发展的思考以及近七年来我校教育集团的建设与发展情况做了全面介绍。随后,副校长从三会、两监督、一招标三个方面,介绍了学校在学生"课后三点半"的推进工作中的思考与做法。

在观看了学校教育集团发展的宣传片后,厉春局长表示,我校教育集团在发展中注重共性,优势互补,融合融通,实现了优质资源的最大化共享,他们一行人收获很大。厉局长希望以此次考察为契机,与我校结成手拉手学校,加强互访、交流与学习,不断推动海口市优秀教育集团的打造。

区域深度交流　共谋教育发展——德州市九位校长来我校参加跟岗培训研修

2018年12月17日,我校按照山东省教育厅工作部署,迎接了来自德州市平原县的九位校长,参加为期一周的县域学校管理领导力整体提升跟岗培训活动。

此次培训研修我校领导高度重视,设立专门人员具体负责,整合全校力量,制定翔实的培训方案,对学校培训资源进行调配,做好研修的管理和服务工作,各分管领导协同合作,保障跟岗研修工作扎实、有序、高效开展。

一场场彰显内涵的学校经验交流

校长做了学校办学情况的介绍,通过科学制度、民主管理、开放校园等方面全面阐述"顺应儿童天性做教育"这一办学理念,受到跟岗校长的高度赞誉。各个分管领导也分别做了我校集团办学探索、校务委员会工作开展、学校课程体系建设以及特色德育品牌打造等专题交流。

一项项凸显学校特色的参观活动

培训的校长们兴致盎然地参观了我校校园文化建设,参观了学校管乐、编程、机器人、动漫等社团活动;观摩了场面热烈的"诗词大会第三季"比赛活动、"拼装机器人、感受智能化"创客制作活动;亲身参与了特色升旗仪式、应急疏散演练和消防车进校园活动。

一轮轮突显管理文化的精彩体验

跟岗校长专注地参加学校办公会,参与学校膳食委员会调研,在"教学行政调研周"活动中走进课堂进行听课活动,与老师们近距离交流,在全程、深入地参与中,积累了管理经验,为拓宽办学思路助力。

我校还认真听取、了解校长们不同的跟岗培训需求,有针对性地提供学习内容供大家选择。参与过程中,九位校长对我校先进的办学理念给予了高度赞扬,同时对学校精心缜密的安排表示由衷感谢,对学校文化内涵、师生精神面貌、班级文化建设、师资力量赞叹不已。

在培训过程中,校长们通过聆听经验介绍、参与互动研讨、参观实践活动、亲临比赛现场,对构建学校特色文化、校本课程研发设置以及优化团队内部管理都有了更深层次的理解和感悟,切实提高了校长们自身的素养以及引领学校持续发展的能力。

我校迎接安顺市西秀区党政代表团参观考察

2019年6月,安顺市西秀区党政代表考察团一行13人,在安顺市委常委、西秀区委书记郭伟谊、西秀区人大常委会主任周晓卫的带领下来到我校,就教育帮扶和东西部扶贫协作工作进行考察交流。期间,市北区委常委、区委办主任高波、区教体局局长王本猛、市北区政府教育督导室总督学冯贡青、区发改局副局长张云建、教体局党组成员葛达权等陪同进行了考察。

在参观考察中,校长首先介绍了我校整体办学情况及学校办学理念,带领考察团成员参观了学校校史室、校园文化建设和学校课程长廊。考察团对学校现代治校理念、创新发展方式、精品课程建设以及特色德育品牌打造给予了充分的肯定。

随后,考察团又参观了我校的品牌社团活动,在创客教室中了解了我校作为山东省首批人工智能试点学校开展的编程普及课程、机器人课程、3D打印课程等,学生向来宾热情介绍机器人综合技能搭建流程及编程技巧。走进管乐团排练室,乐团的学生们为来宾献上了《春天的寄语》《玻璃城堡的印记》两首乐曲,表达了最诚挚的祝福,精湛的演奏技巧得到了大家的高度赞誉。

最后,考察团来到会议室就"东西协作、对口支援"帮扶工作进行了深入的座谈。考察团观看了学校宣传片,听取了校长关于两批贵州挂职校长在我校挂职情况和我校骨干教师到贵州支教交流的工作汇报。区教体局王本猛局长介绍了我区的教育综合改革做法,围绕集团化办学、学区制改革、领航(雁)工程建设、教育优质均衡发展等工作与考察团进行了深入的交流探讨,并就下一步两区教育帮扶的重点工作交换了意见。随后,高波主任介绍了市北区近年来通过干部教师互派交流、送培送教、校际结对合作等形式,深入实施两地协作帮扶工作并高度的赞扬了工作中两区建立的深厚情谊。

座谈中,我校学生为来宾送上了亲手制作的手工作品,祝愿市北、西秀两区未来共生教育智慧,共享教育资源。考察团表示,此次考察给了他们很大的启发,开阔了视野与思路,他们诚挚的邀请市北区更多的优秀干部教师走入西秀区,深入实施两地协作帮扶工作。

教育同仁的来访,为彼此创设了互相交流学习的契机与平台,加强了校际融智融通,彼此之间结下了深厚的友谊,实现了共享、共赢。

第五节 收获累累硕果 绽放博雅文化之"美"

十年来,我校一直坚持"博雅教育"办学实践和探索,提出了全力打造一所"富有人文气息,充满发展活力,具有博雅特色"的岛城名校,走文化强校之路,不断提升学校办学品质。我校先后被评为全国巾帼文明岗、全国生态文明教育示范学校、山东省文明校园、山东省规范化学校、山东省艺术示范学校、山东省校本培训示范学校、山东省教学示范学校、青岛市五星级阳光校园、青岛市教育改革十面红旗、青岛市教书育人先进单位、青岛市教育科研先进单位、青岛市教育管理先进单位等荣誉称号,具有较高的社会声誉。

2013~2019年学校参加各级比赛获奖情况

【2013年】
◆全国青少年科技创新大赛科幻画比赛中荣获一等奖
◆全国青少年科技创新大赛科技实践活动中荣获二等奖
◆全国信息技术微博英语比赛中荣获国家级三等奖
◆全国第四届中小学艺术展演活动中荣获器乐类小学甲组二等奖
◆山东省青少年科技创新大赛科幻画比赛中荣获一等奖
◆山东省第四届中小学艺术展演活动中荣获器乐类小学组一等奖
◆山东省中小学生游泳比赛中荣获体育道德风尚奖
◆首届中小学生艺术特长展示比赛暨第二届"齐鲁情"山东省校园学生才艺展示大赛中荣获器乐组银奖
◆青岛市青少年科技创新大赛科技实践活动中荣获一等奖

◆青岛市网球比赛中荣获团体总分第一名
◆青岛市首届绘本剧比赛中荣获第一名
◆青岛市青少年科技创新大赛中荣获优秀组织单位

【2014年】
◆全国青少年航海模型比赛中国海警船制作比赛中荣获一等奖
◆全国青少年建筑模型比赛梦想家园制作比赛中荣获一等奖
◆全国青少年建筑模型比赛绿野春天制作比赛中荣获一等奖
◆全国青少年车辆模型比赛幻影比赛中荣获一等奖
◆山东省机器人比赛综合技能比赛中荣获一等奖
◆山东省机器人比赛中荣获优秀组织单位
◆青岛市中小学生合唱比赛中荣获一等奖
◆青岛市中小学生器乐展演中荣获民乐合奏一等奖
◆青岛市中小学生器乐展演中荣获管乐合奏一等奖
◆青岛市车辆模型比赛中荣获优秀组织单位

【2015年】
◆山东省航海建筑模型竞赛梦想家园比赛中荣获团体第一名
◆第15届山东省青少年机器人竞赛中荣获一等奖
◆山东省航海建筑模型竞赛中荣获优秀组织单位
◆山东省第五届中小学生艺术展演中荣获器乐类一等奖
◆青岛市航海建筑模型竞赛缤纷童年比赛中荣获团体第一名
◆青岛市车辆模型竞赛中荣获优秀组织单位
◆青岛市航空模型竞赛中荣获优秀组织单位
◆青岛市中小学机器人竞赛中荣获一等奖

【2016年】
◆全国第五届中小学生艺术展演活动中荣获器乐类小学甲组一等奖
◆山东省第十六届青少年机器人大赛中荣获机器人综合技能项目冠军
◆山东省机器人大赛中荣获优秀组织奖
◆山东省中小学电脑制作活动电脑作品评选中荣获最佳组织奖
◆青岛市中小学机器人竞赛中荣获一等奖
◆青岛市第十届小学生英语口语模仿展示活动中荣获第一名

◆青岛市航海模型比赛中荣获盐城舰团体第一名

◆青岛市橄榄球比赛中荣获男子组、女子组第三名

◆青岛市航海模型比赛中荣获优秀组织奖

【2017年】

◆山东省青少年机器人竞赛中荣获综合技能一等奖

◆山东省机器人大赛中荣获太空挑战一等奖

◆山东省中小学校园艺术节器乐比赛中荣获一等奖

◆山东省中小学生声乐展演中荣获二等奖

◆青岛市车辆模型比赛中荣获小马号团体第一名

◆青岛市第27届中小学生艺术节中荣获器乐专场展演一等奖

◆青岛市中小学生合唱比赛中荣获一等奖

◆青岛市航海模型比赛中荣获梦想号航空母舰航行团体第一名

◆青岛市航海模型比赛中荣获优秀组织单位

◆青岛市中小学幼儿园精品校(园)本课程评选中,学校校本课程"合课程"荣获青岛市中小学幼儿园精品校(园)本课程

◆青岛市中小学幼儿园精品校(园)本课程评选中,学校校本课程"创课程"荣获青岛市中小学幼儿园精品校(园)本课程

【2018年】

◆第24届全国青少年信息学奥林匹克联赛中荣获优秀参赛学校

◆山东省青少年机器人竞赛中荣获二等奖

◆青岛市青少年机器人竞赛中荣获一等奖

◆青岛市青少年机器人竞赛中荣获先进单位

◆青岛市NOC微课制作中荣获一等奖

◆青岛市第十届"好书伴成长"中小学生读书征文活动中荣获优秀组织奖

【2019年】

◆全国第六届中小学生艺术展演中荣获小学器乐组二等奖

◆青岛市车辆模型比赛中荣获优秀组织单位

◆青岛市中小学生"我为家乡推介"微视频大赛中荣获优秀组织奖

◆青岛市帆船知识竞赛中荣获最佳实操奖

◆青岛市帆船知识竞赛中荣获最佳人气奖

◆青岛市中小学幼儿园精品校(园)本课程评选中,学校校本课程"红色印记"荣获青岛市中小学(园)精品课程

优质发展、内涵发展是学校文化与特色建设的大"道"。我们将怀揣梦想,永葆激情,坚持教育的本真;不断叩问,一路追寻,致力于提升办学境界与育人水平,以独具特色的"博雅"魅力,向充满希望的明天迈进,奠基学生未来幸福人生!

参考文献

[1] 郭元祥. 论深度教学：源起、基础与理念[J]. 教育研究与实验, 2017(03)：1-11.

[2] 申国昌. 博雅教育的文化内涵与实践路径[J]. 国家教育行政学院学报, 2016(11)：10-16.

[3] 于俊玲. 丰富博雅文化内涵 打造学校教育特色[J]. 现代中小学教育, 2015,31(04)：123-124.

[4] 姚林群,郭元祥. 新课程三维目标与深度教学——兼谈学生情感态度与价值观的培养[J]. 课程·教材·教法,2011,31(05)：12-17.

[5] "中学实施博雅教育的行动研究"课题组,姚伟国,何松. 中学践行"博雅教育"的理念与策略[J]. 基础教育,2008(10)：38-41.

[6] 周慧娟. 科学人文精神：现代学校管理的价值取向[J]. 教学与管理, 2002(21)：9-11.